# Mon Grand Atlas illustré

# Mon Grand Atlas illustré

Cet ouvrage est l'adaptation française
de *The Reader's Digest Children's Atlas of the World*,
publié par Weldon Owen Pty Limited

Il a été réalisé sous la direction de l'équipe éditoriale de Sélection du Reader's Digest
**Direction éditoriale** : Gérard Chenuet
**Responsables de l'ouvrage** : Christine de Colombel, Philippe Leclerc
**Lecture-correction** : Emmanuelle Dunoyer
**Fabrication** : Frédéric Pecqueux

**Adaptation française** :
Agence Media
**Traduction** : Franck Jouve, André Laurent, Patrick Restellini
**Consultant (animaux)** : Laurent Granjon
**Lecture-correction** : Carole Peyret
**Montage PAO** : Catherine Delille, Marie-Hélène Mateos

**Illustrateurs** : Susanna Addario, Andrew Beckett/illustration, André Boos, Anne Bowman, Greg Bridges, Danny Burke, Martin Camm, Fiammetta Dogi, Simone End, Giuliano Fornari, Chris Forsey, John Francis/Bernard Thornton Artists, R.-U., Jon Gittoes, Ray Grinaway, Terry Hadler/Bernard Thornton Artists, R.-U., Tim Hayward/Bernard Thornton Artists, R.-U., David Kirshner, Frank Knight, Mike Lamble, James McKinnon, Peter Mennim, Nicola Oram, Tony Pyrzakowski, Oliver Rennert, Barbara Rodanska, Claudia Saraceni, Michael Saunders, Peter Schouten, Stephen Seymour/Bernard Thornton Artists, R.-U., Marco Sparaciari, Sharif Tarabay/illustration, Steve Trevaskis, Thomas Trojer, Genevieve Wallace, Trevor Weekes, Rod Westblade, Ann Winterbotham
**Cartes** : Digital Wisdom Publishing Ltd
**Drapeaux** : Flag Society of Australia

ÉDITION ORIGINALE
Weldon Owen Pty Limited, 59 Victoria Street, McMahons Point, NSW, 2060, Australie




ISBN : 2-7098-1002-6


PREMIÈRE ÉDITION
Troisiéme tirage

Achevé d'imprimer : Mai 2001
Dépôt légal en France : septembre 1998
Dépôt légal en Belgique : D 1998-0621-103

Imprimé en Chine
*Printed in China*

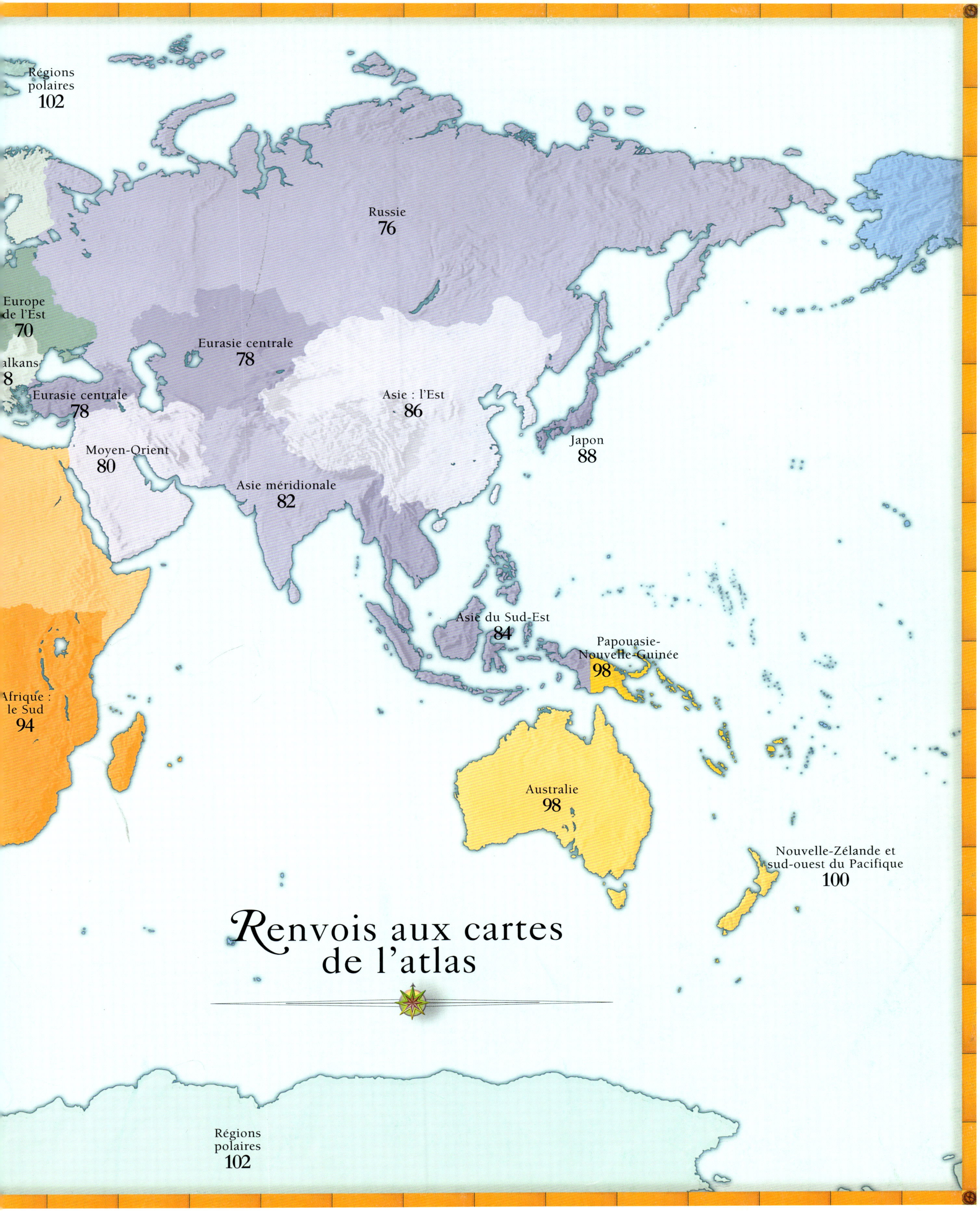


# Renvois aux cartes de l'atlas

# Mon Grand Atlas illustré

Sélection du Reader's Digest
PARIS • BRUXELLES • MONTRÉAL • ZURICH

# Table des matières

## Amérique du Nord 32

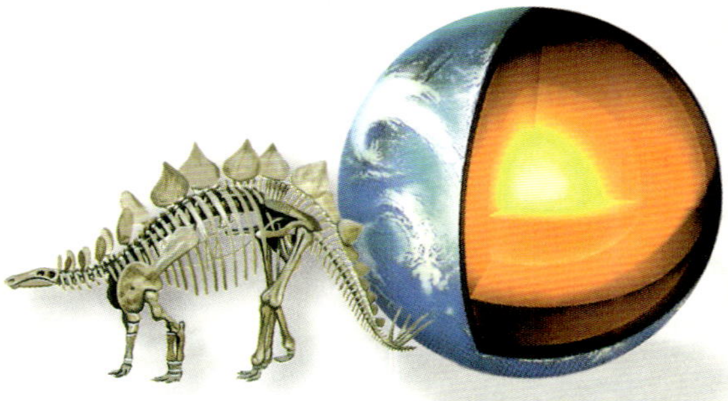

## Amérique du Sud 48

## EUROPE 54

## ASIE 74

## AFRIQUE 90

## AUSTRALIE ET OCÉANIE 96

# Comment utiliser cet atlas ?

Avec *Mon Grand Atlas illustré*, tu pourras faire le tour du monde et te familiariser avec les différents continents. Avant de partir en voyage, lis attentivement les pages 8-9 et 10-11. Tu y découvriras plusieurs types de cartes, avec une explication de la façon dont elles ont été établies. Tu apprendras également à les lire et à les utiliser. Dans les pages suivantes, tu trouveras une présentation générale de notre planète, la Terre : sa place dans l'Univers, l'histoire de sa formation et de celle des continents, la variété de ses climats, de sa faune, de sa flore et de ses populations. Le globe a été divisé en sept grands ensembles : Amérique du Nord, Amérique du Sud, Europe, Asie, Afrique, Australie et Océanie, régions polaires. Chacune de ces parties commence par une carte présentant les différents États et par une carte montrant les principaux éléments du relief. Des cartes plus détaillées suivent, avec les régions, les villes, les ressources, les monuments, la flore et la faune... Tout autour, des informations et des activités pratiques permettent d'en savoir plus tout en s'amusant. À la fin de l'atlas se trouve un répertoire des données clés de chaque État. Tu trouveras aussi un glossaire de termes géographiques et un index des noms figurant sur les cartes de l'atlas, ainsi que leurs coordonnées.

## Carte détaillée

**Liste des États** Les États qui figurent sur la carte sont mentionnés, avec leur population et leur capitale.

**Le sais-tu ?** Cet encadré développe un fait intéressant ou curieux.

**Le continent** Sa superficie, sa population et les États qui le composent sont présentés.

## Carte générale

**Records** Tu trouveras des données chiffrées sur les records du continent.

**Sommets et fleuves** Un schéma te permet de comparer entre eux les montagnes et les cours d'eau les plus importants du continent.

**Carte politique** Elle montre les différents États.

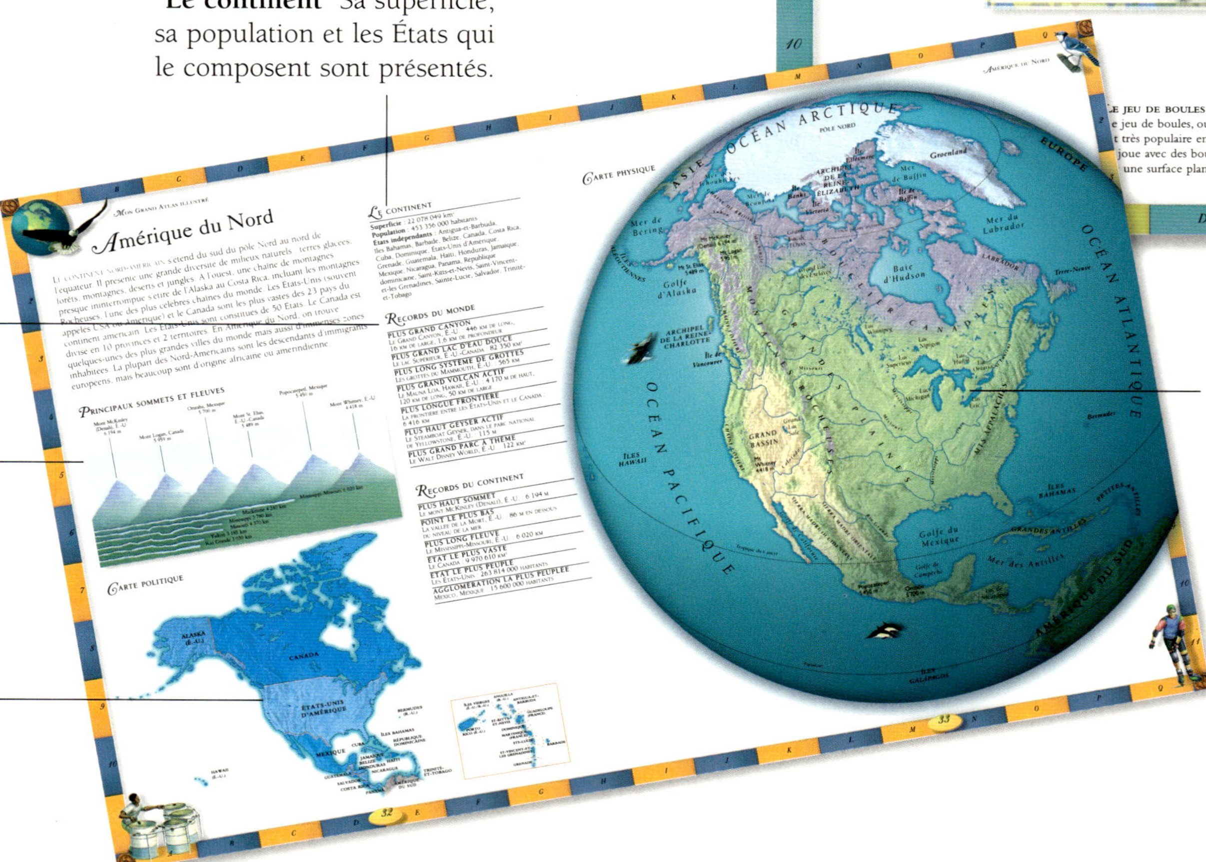


**Carte physique** Elle montre les principaux éléments du relief.

**Bordure colorée** Une bordure de couleur différente te permet de distinguer chaque partie de l'atlas.

**Coordonnées** Les lettres et les chiffres inscrits dans la bordure te permettent de localiser un point sur la carte (voir page 10).

**Idée** Tu trouveras des instructions pour réaliser des objets ou des expériences en rapport avec la zone géographique traitée.

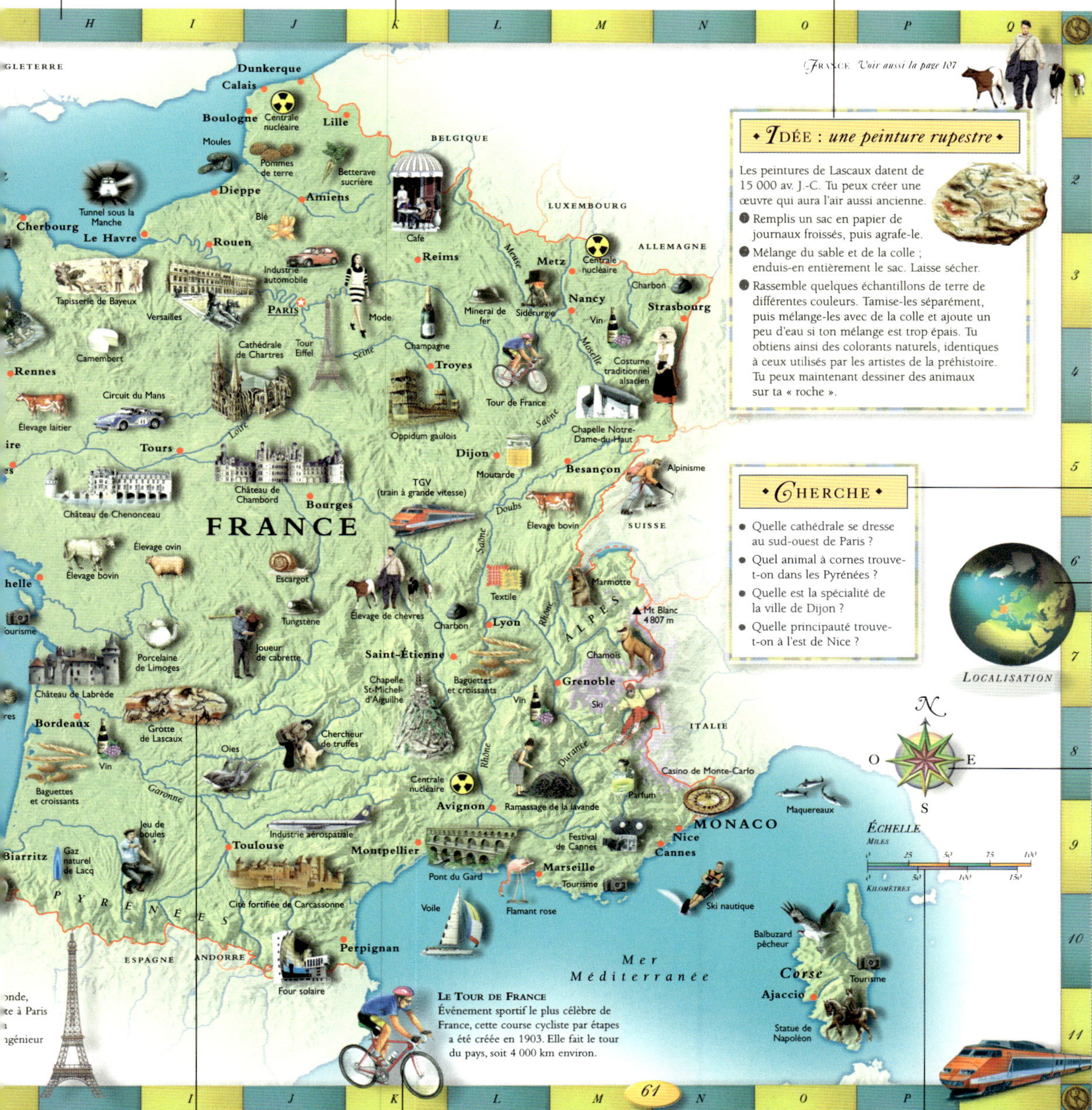


**Cherche** Tu devras chercher sur la carte ou dans le texte les réponses aux questions posées dans l'encadré.

**Localisation** Le globe terrestre situe la région cartographiée.

**Illustrations** Elles représentent les habitants, les sites, la faune et la flore, les activités de la région.

**Informations supplémentaires** Elles apportent des détails sur certaines illustrations de la carte.

**Échelle** Elle te permet de calculer les distances sur la carte. Tu trouveras plus d'informations sur les échelles page 10.

**Rose des vents** Elle t'indique le nord. Regarde page 10 pour savoir comment l'utiliser.

## Symboles cartographiques

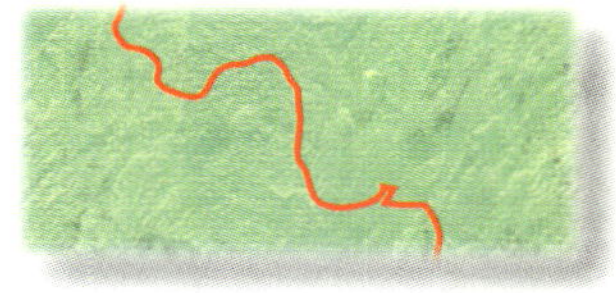

Frontière de pays

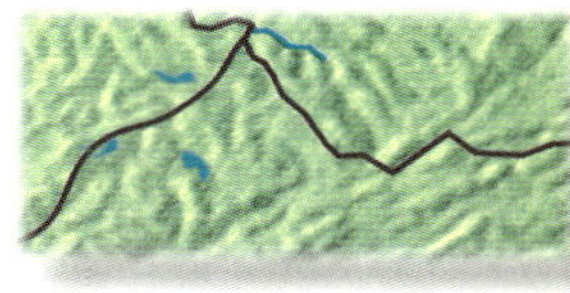

Limite de région ou d'État intérieur

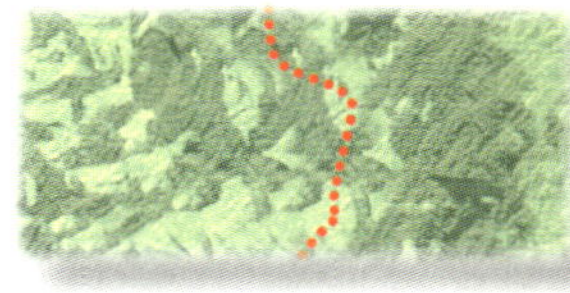

Conflit frontalier

Territoire et État souverain

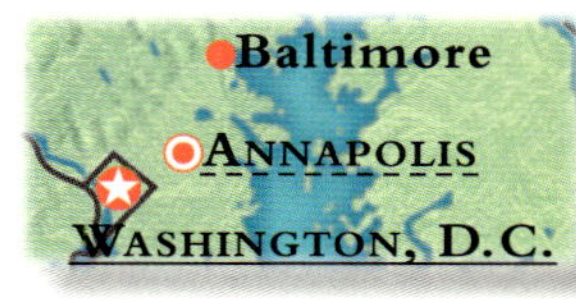


- Capitale
- Capitale régionale
- Ville ou agglomération

Cours d'eau

Lac

▲ Point culminant

Ⓓ Espèce en voie de disparition

## Légende des couleurs de la carte

Désert ou zone aride

Forêt ou prairie

Toundra

Calotte glaciaire

# Cartes et cartographie

Une carte est un dessin représentant un espace géographique (continent, pays, région, ville, etc.) vu généralement du dessus. Pour pouvoir reproduire des portions de territoire, les cartographes établissent des échelles qui permettent de réduire proportionnellement leurs dimensions. Si la zone à cartographier est de petite taille, on utilise une carte à grande échelle qui montre de nombreux détails. À l'inverse, pour un vaste territoire, l'échelle est petite ; la carte est donc moins détaillée. Les informations (frontières, reliefs, végétation...) sont symbolisées par des lignes, des couleurs et des signes conventionnels. Sur le plan d'une ville, par exemple, le tracé des rues est indiqué par de simples traits noirs et les zones d'habitations sont représentées par des figures géométriques colorées. Sur des cartes régionales ou nationales, les villes ne seront plus signalées que par de simples cercles noirs, les cours d'eau par un trait bleu.

Un recueil de cartes tel que celui que tu vas maintenant découvrir s'appelle un atlas : le monde entier y est représenté.

### Plans et cartes

Ces trois cartes représentent le lieu où se trouve l'école de Crouy-sur-Cosson à des échelles différentes.

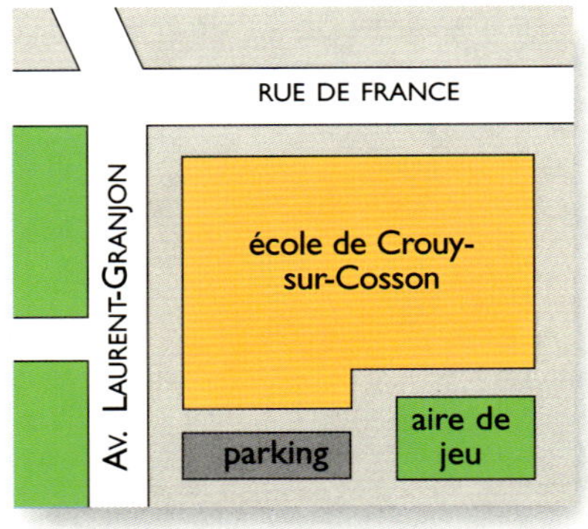


Sur ce plan couvrant un espace réduit, des formes simples, en couleurs, représentent l'école de Crouy-sur-Cosson, les rues voisines et les éléments proches de l'école (parking, aire de jeu).

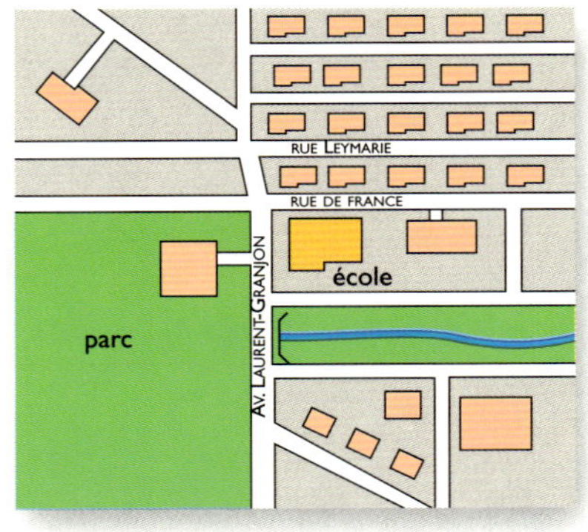


Cette carte de la ville de Crouy-sur-Cosson couvre un espace plus large, donc moins détaillé. On voit les maisons, le parc et la rivière qui entourent l'école, mais le parking de l'école et l'aire de jeu ne sont plus représentés.

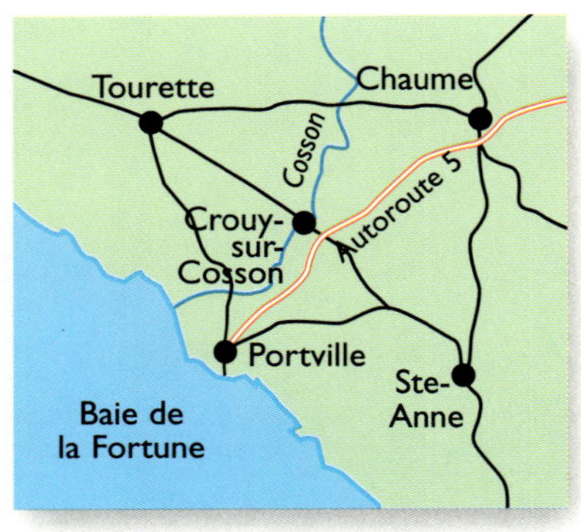


Cette carte représente la région environnante. La ville n'est plus indiquée que par une puce noire. L'école et les rues n'y figurent plus, mais on voit maintenant que Crouy-sur-Cosson est près de la mer et qu'il est relié à d'autres villes par un réseau de routes.

### ◆ Le sais-tu ? ◆

Atlas est le nom d'un héros de la mythologie grecque qui se révolta contre les dieux. Pour le punir, Zeus l'obligea à porter le monde sur ses épaules. Les premiers recueils de cartes, publiés au XVIe siècle, présentent très souvent une illustration d'Atlas avec un globe sur les épaules. C'est sans doute pour cette raison que ce type d'ouvrage porte le nom... d'atlas.

### ◆ Idée : *le plan de ton quartier* ◆

Pour faire le plan de ton quartier, tu dois situer chaque élément de l'espace (rues, rivières, espaces verts...), évaluer les distances qui les séparent et reproduire leur forme. Promène-toi afin de dresser une liste des éléments que tu souhaites représenter sur ton plan.

❶ Après avoir recensé ce que tu veux voir figurer sur ton plan, commence par dessiner les rues.

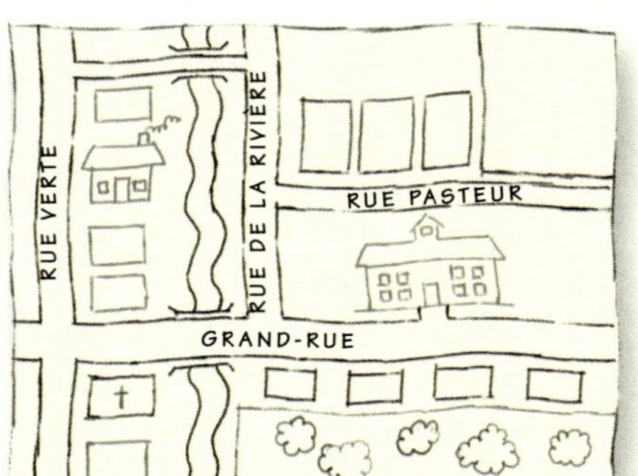


❷ Dessine ensuite les principaux immeubles, les parcs et les rivières. Marque le nom des rues.

❸ Colorie la carte en utilisant une couleur pour les maisons, une autre pour les rues, etc., et élabore une légende indiquant la signification des couleurs. À la fin, ajoute ta maison et d'autres éléments importants comme ton école.

## La cartographie

Jusqu'à l'invention de l'avion, les cartographes utilisaient les informations recueillies par des explorateurs et des voyageurs pour dresser leurs cartes. De nos jours, les cartes sont établies à partir de relevés de mesures et de photographies de la Terre prises par satellite depuis l'espace. Les cartographes se heurtent cependant à un problème : si la Terre est ronde, la plupart des cartes, elles, sont planes. Sphérique comme la Terre, le globe terrestre offre la représentation cartographique la plus fidèle. Mais, si on essaie d'établir une carte plane en découpant simplement la surface d'un globe, on obtient une carte en morceaux, un peu comme si l'on épluchait une orange et que l'on tentait de mettre la pelure à plat : celle-ci se casse aussitôt. Pour reproduire sur une surface plane les formes courbes du globe terrestre, les cartographes ont dû étirer et serrer les différents segments (ou « morceaux »). Une telle opération s'appelle une projection. Il existe plusieurs types de projections, chacun permettant de concevoir des cartes légèrement différentes.

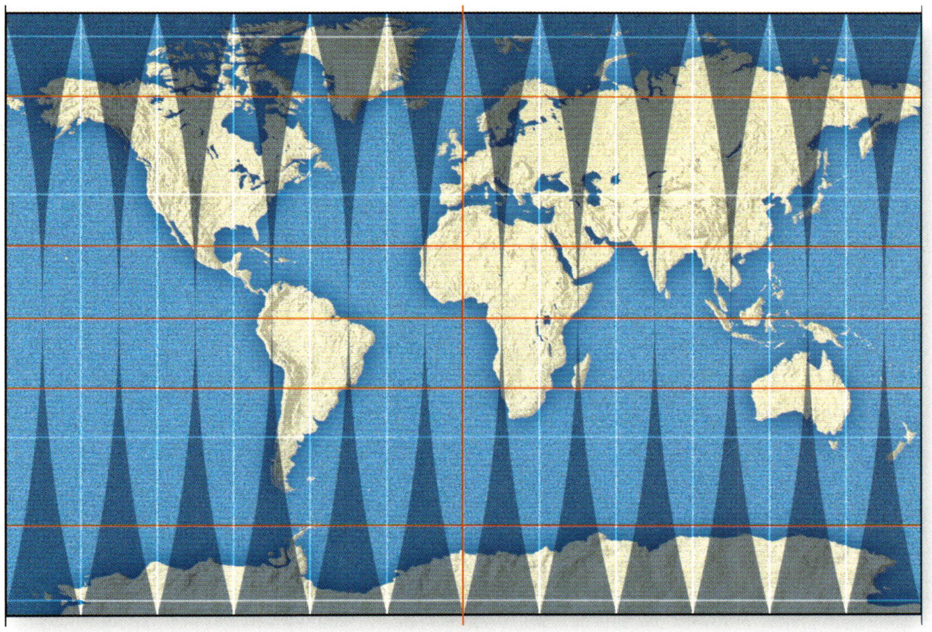


**Une carte plane de la Terre**
La surface du globe peut être segmentée (voir ci-dessus). Mais pour établir une carte plane de la Terre, les cartographes doivent compléter les vides existant entre les segments. Ils s'aident de lignes imaginaires : les parallèles (lignes horizontales), indiquant la latitude ; et les méridiens (lignes verticales), indiquant la longitude.

## Des lignes imaginaires

Pour se repérer, les cartographes se servent de lignes imaginaires. Reliant les deux pôles, les méridiens définissent la longitude, mesurée en degrés (0° à 180°, est ou ouest) à partir du méridien de Greenwich (0°). Tracés d'ouest en est en partant de l'équateur (0°), les parallèles définissent la latitude, mesurée en degrés (0° à 90° vers le nord et vers le sud). La Terre est donc divisée en deux par l'équateur (hémisphères Nord et Sud) et par le méridien de Greenwich (hémisphères Est et Ouest).

# Comment lire une carte ?

Les cartes sont une mine d'informations. Elles indiquent les lieux, la forme et les dimensions d'un territoire, les distances d'un point à un autre. Elles peuvent également donner des indications sur le climat, la végétation, le relief, l'occupation humaine ou les réseaux de transports de la région cartographiée. Quand tu auras compris la façon de lire une carte, tu pourras utiliser un atlas pour trouver de nombreux renseignements sur n'importe quel continent, pays ou région.

### Comment trouver un nom de lieu ?

Sur la plupart des cartes et des atlas, on utilise l'index des noms géographiques (généralement situé en fin d'ouvrage) et la grille des coordonnées figurant sur les cartes. Les cartes sont en effet quadrillées, et chaque ligne est désignée par une lettre ou un chiffre. Lettres et chiffres figurent de chaque côté de la carte : ce sont les coordonnées. Prenons l'exemple de la carte de l'Australie, ci-contre. Les coordonnées de Melbourne sont H8. Pour trouver son emplacement, il suffit de repérer la lettre H sur l'axe horizontal et le chiffre 8 sur l'axe vertical. Melbourne figure dans le carré situé à l'intersection des deux lignes. Tu peux éventuellement t'aider d'une règle.

**Utiliser les coordonnées**
Les coordonnées de chaque lieu géographique figurent dans l'index. Celles de Nashville, dans le Tennessee, sont 41-L4. Pour trouver Nashville, reporte-toi à la carte de la page 41, puis cherche les coordonnées L et 4, qui délimitent un carré. Nashville est dans le carré à l'intersection de ces deux lignes imaginaires.

### Les points cardinaux

Sur toutes les cartes, on trouve une flèche qui indique la direction du nord (N). Parfois, il peut s'agir d'une rose des vents indiquant aussi les directions sud (S), est (E) et ouest (O). Entre ces quatre points cardinaux s'intercalent des points intermédiaires. Tu peux utiliser la rose des vents pour situer des lieux. Par exemple, reporte-toi à la carte de l'Australie (ci-dessus). Sydney est à l'est (E) d'Adélaïde, Brisbane au nord (N) de Sydney. Brisbane étant à la fois au nord et à l'est d'Adélaïde, on peut dire qu'elle est au nord-est (N-E) d'Adélaïde. Mais Brisbane est cependant plus à l'est qu'au nord d'Adélaïde ; pour être plus précis, on dira donc que Brisbane est à l'est-nord-est (E-N-E) d'Adélaïde. La rose des vents (ci-dessus, à gauche) te montre toutes les combinaisons de direction que tu peux utiliser pour situer un lieu.

**LÉGENDE DES COULEURS**
Sur cette carte de l'Australie, les zones ombrées représentent les montagnes ; le vert, les forêts et les prairies ; le jaune, le désert et les régions arides. Océans, lacs et cours d'eau sont coloriés en bleu.

## COULEURS ET SYMBOLES

Sur les cartes géographiques, le relief, le climat et la végétation sont représentés par des jeux de couleurs qui sont en général les suivantes : brun ou vert ombrés pour les massifs montagneux ; vert pour les forêts et les prairies ; jaune ou orange pour les régions arides, semi-arides ou désertiques. Généralement, un symbole particulier (étoile, carré) indique les capitales des pays. Toute carte, pour être lisible, doit être pourvue d'une légende où figure la liste des signes utilisés (voir page 7).

## MESURER L'ÉCHELLE

Une échelle est le rapport existant entre la longueur qui sépare deux points sur une carte et la distance qui les sépare dans la réalité. Avec l'échelle figurant sur chaque carte, on peut calculer les distances réelles.
Dans cet atlas, l'échelle est donnée à la fois en kilomètres et en miles (mesure anglo-saxonne qui équivaut à environ 1,609 kilomètre). Sur la carte de l'Australie (ci-dessus), chaque segment de l'échelle représente 400 kilomètres (barre du dessous) ou 250 miles (barre du dessus).
Une échelle peut être exprimée de la façon suivante :

**1/1 000 000.**

Cela veut dire que 1 centimètre sur la carte représente dans la réalité 1 000 000 (1 million) de centimètres, soit 10 kilomètres : les distances réelles sont un million de fois plus grandes que celles figurant sur la carte.
La plupart des cartes qui représentent un pays sont à cette échelle.

### ◆ *IDÉE : utiliser une échelle* ◆

Pour mesurer sur la carte la distance séparant Perth de Sydney, procède de la façon suivante :

❶ Place une feuille de papier sur la carte de façon qu'elle joigne les deux villes, puis marque leurs positions respectives.

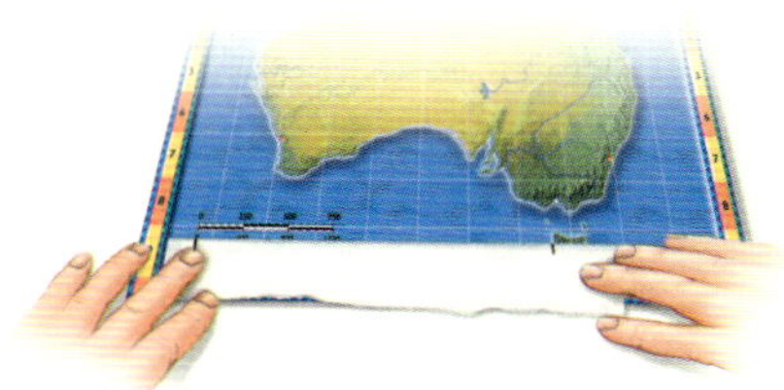

❷ Place la feuille sur le bord de l'échelle en faisant coïncider un des points avec le zéro de l'échelle. Comme la distance de l'échelle est plus courte que celle qui sépare les deux villes, note sur ton papier l'endroit où l'échelle se termine en précisant le nombre de kilomètres, puis reporte ton échelle autant de fois qu'il le faut. Additionne les intervalles pour connaître la distance réelle.

Pour mesurer des distances non rectilignes :

❶ Suis le cours de la rivière Darling avec un bout de ficelle.

❷ Tends ensuite la ficelle et mesure la distance entre les deux points sur l'échelle de la carte pour obtenir la longueur de la rivière.

# La planète Terre

L'HOMME VIT SUR UNE PETITE PLANÈTE, infime partie du vaste Univers. La Terre appartient au système solaire, qui comprend neuf planètes tournant autour de l'étoile Soleil. De gigantesques groupes d'étoiles forment des galaxies. La Terre fait partie d'une galaxie, la Voie lactée, composée d'au moins 100 milliards d'étoiles ! Il existe plusieurs millions de galaxies dans l'Univers, chacune d'elle étant entourée par un immense espace vide. Le système solaire est né, il y a environ 5 milliards d'années, d'un énorme nuage tourbillonnant de poussières et de gaz. La partie centrale, incandescente, du nuage est devenue le Soleil tandis que, plus loin, roches et gaz mélangés ont donné naissance aux planètes. Certains fragments de roche sont devenus des astéroïdes ou de minuscules planètes.

## LE SAIS-TU ?

- Notre galaxie ressemble à celle-ci. Les points situés dans la spirale sont des nuages d'étoiles. Chaque étoile est identique à notre Soleil et peut posséder ses propres planètes.
- Un avion à réaction voyageant à 800 km/h mettrait 6 ans pour rejoindre Vénus et 1 600 ans pour atteindre Pluton !

**DEUX MOUVEMENTS DE ROTATION**
Les planètes tournent sur elles-mêmes, et autour du Soleil. La rotation de la Terre sur elle-même s'effectue en 24 heures et celle autour du Soleil en une année. Plus une planète est proche du Soleil, plus vite elle en fera le tour. Les astéroïdes tournent aussi autour du Soleil. La plupart se situent entre Mars et Jupiter, dans la ceinture d'astéroïdes. Les planètes et les astéroïdes sont maintenus en orbite par la gravité, une force puissante (force d'attraction) exercée par la masse du Soleil. Sans elle, les planètes erreraient dans l'espace.

**LE SYSTÈME SOLAIRE**
Ce schéma montre les distances entre les planètes et leur éloignement par rapport au Soleil. Il donne aussi le temps que met chaque planète pour tourner autour du Soleil et sur elle-même.

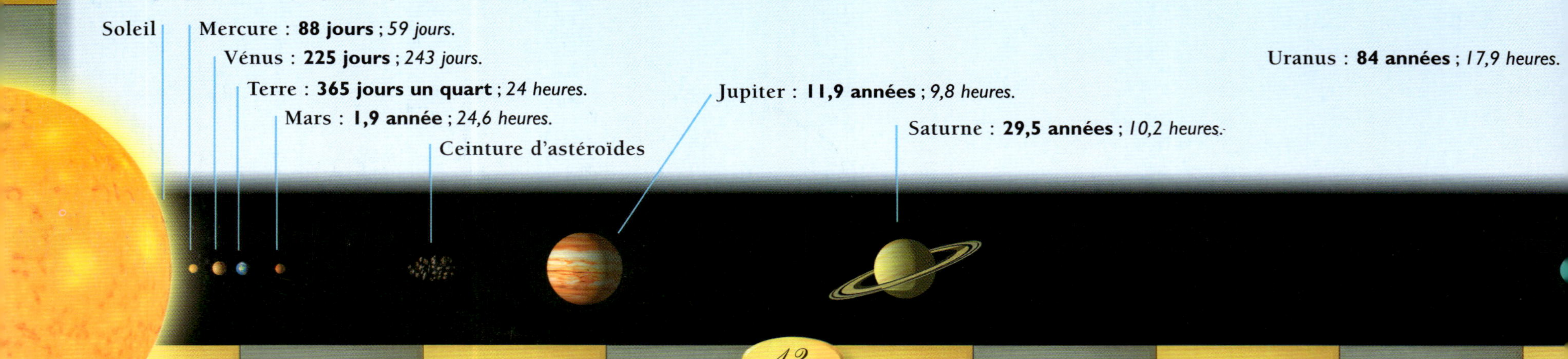

## ◆ IDÉE : *un mobile solaire* ◆

Tu peux créer un mobile représentant le système solaire et l'accrocher dans ta chambre ou ta salle de classe.

❶ Rassemble d'abord du papier, des crayons de couleur, du fil, une paire de ciseaux et un cintre.

❷ Dessine le Soleil et les différentes planètes. Colorie-les. Pour éviter les erreurs de couleurs et de proportions, reporte-toi à l'illustration ci-contre.

❸ Découpe soigneusement avec les ciseaux chacune des planètes.

❹ Perce un petit trou au sommet de chacune des planètes à l'aide de la pointe d'un stylo et passes-y un fil.

❺ Attache le Soleil et les différentes planètes au bas du cintre. Place le Soleil au milieu et dispose les planètes de chaque côté, en respectant l'ordre figurant sur l'illustration.

❻ Maintenant, les planètes sont en place, tu peux donc accrocher ton mobile solaire.

### La rotation de la Terre

La rotation de la Terre sur elle-même, d'ouest en est face au Soleil, est à l'origine de la ronde des jours et des nuits. Le jour commence quand on se trouve dans la lumière du Soleil ; la nuit tombe quand on s'en détourne. Comme l'axe de rotation de la Terre est en même temps incliné, l'ensoleillement de la surface terrestre varie en durée et en intensité selon la position de la Terre par rapport au Soleil.

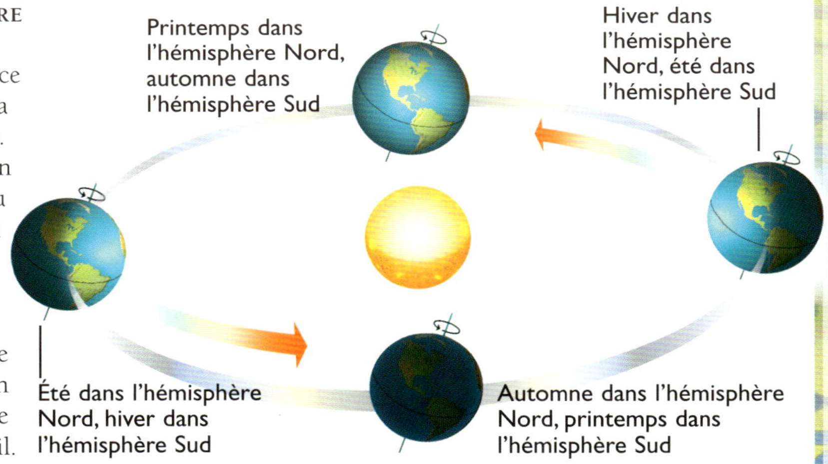


### Faite pour la vie

Une couche gazeuse appelée atmosphère entoure certaines planètes. Dans l'état actuel de nos connaissances, la Terre est la seule planète du système solaire à posséder une atmosphère ayant suffisamment d'eau et d'oxygène pour favoriser l'épanouissement de la vie. La couche atmosphérique est très mince : si la Terre était une pomme, ce serait sa peau.

Neptune : **165 années** ; *19,2 heures.*

Pluton : **248 années** ; *6,4 jours.*

# Une planète en mouvement

LA TERRE RESSEMBLE À UN GROS BALLON constitué de plusieurs couches de nature différente. Lors de sa formation, des minéraux denses comme le fer et le nickel se sont fixés au centre de la planète, tandis que des matériaux plus légers se sont disposés autour, en couches plus ou moins visqueuses. Avec le refroidissement de la Terre, la couche externe s'est solidifiée pour former la croûte terrestre, d'épaisseur variable et fragmentée en plusieurs morceaux rigides appelés plaques lithosphériques. Celles-ci glissent sur une couche de roches en fusion (le magma) traversées de courants (courants de convection) provoqués par la chaleur et les pressions régnant à l'intérieur du globe. Ces courants déplacent les plaques de 1 à 20 cm par an. À la jointure des plaques se produisent les tremblements de terre et les éruptions volcaniques, et se forment les montagnes et les îles.

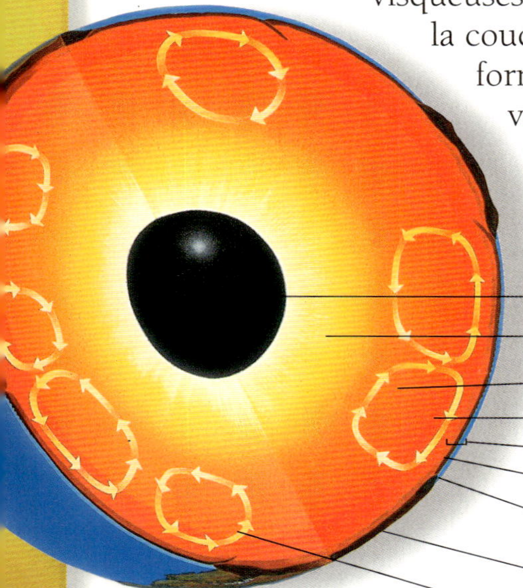


**COUPE DU GLOBE TERRESTRE**
Au centre de la Terre se trouve le noyau, mou à sa périphérie et dur au centre. Le noyau interne est composé de fer ; le noyau externe, de fer et de nickel en fusion. Au-dessus s'étend le manteau inférieur, très dense, surmonté d'une couche visqueuse, l'asthénosphère. La couche externe du globe forme la lithosphère, composée de la couche rigide du manteau supérieur et de la croûte. Celle-ci est plus épaisse sous les continents (croûte continentale) que sous les océans (croûte océanique). La température du noyau (plus de 3 000 °C) est à l'origine des courants de convection qui font bouger les plaques dans des directions différentes.

## ◆ IDÉE : *soulève des montagnes* ◆

1. Coupe une assiette en carton en deux. Ces deux moitiés représentent deux plaques lithosphériques.
2. Accole-les et fixe avec du ruban adhésif un papier au centre de l'assiette ainsi reconstituée : il représente la croûte terrestre.
3. Glisse une moitié d'assiette sous l'autre : le papier se soulève. Le même phénomène se produit quand deux plaques se heurtent : la croûte terrestre se plisse, formant des montagnes.

4. Prends un papier, plie-le en deux, puis encore en deux, et ainsi de suite.
5. Après six pliages, il devient difficile de le plier davantage. De même, plus la croûte terrestre est épaisse, plus la force nécessaire pour la plier est grande.

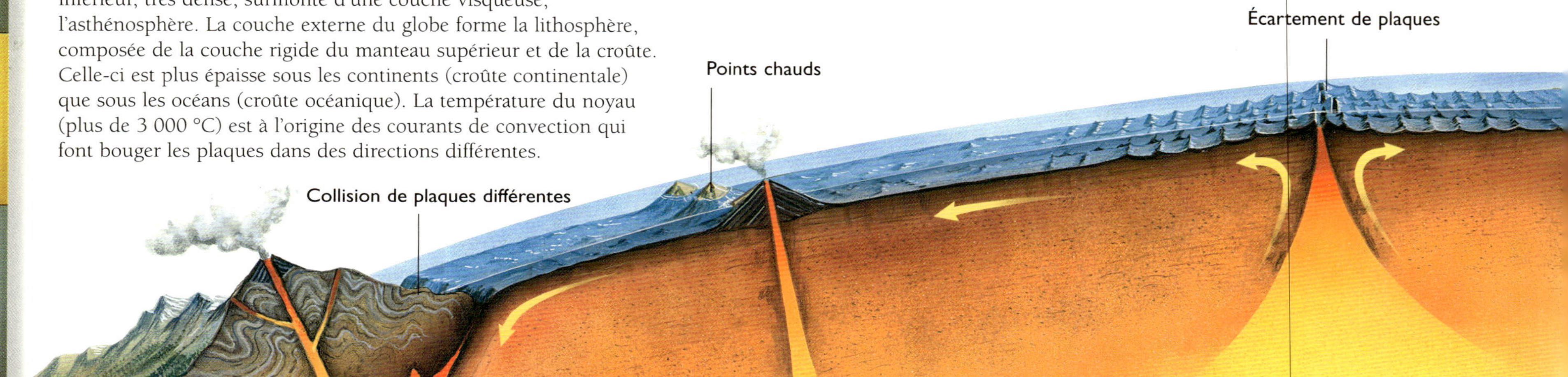


**Collision de plaques différentes**
Quand une plaque océanique heurte une plaque continentale, la première, plus lourde, plonge sous la deuxième et fond dans le manteau. Le magma remonte à la surface et forme alors des volcans, comme le mont St. Helens, aux États-Unis.

**Points chauds**
Des fissures au centre des plaques océaniques et continentales favorisent la remontée du magma, qui perce l'écorce terrestre pour former des volcans (appelés points chauds). Les îles Hawaii sont issues de ce phénomène.

**Écartement de plaques**
Les mouvements du magma peuvent écarter deux plaques. Le magma s'engouffre alors dans la brèche et se solidifie pour former une montagne. En Islande, la crête de ces montagnes sous-marines émerge par endroits et forme des îles volcaniques.

**LA MOBILITÉ DE L'ÉCORCE TERRESTRE**
Les courants de convection déplacent les plaques, qui se séparent, s'affrontent, coulissent ou se chevauchent. Le schéma (ci-dessus) et les photos (à droite) illustrent les effets liés à de tels mouvements.

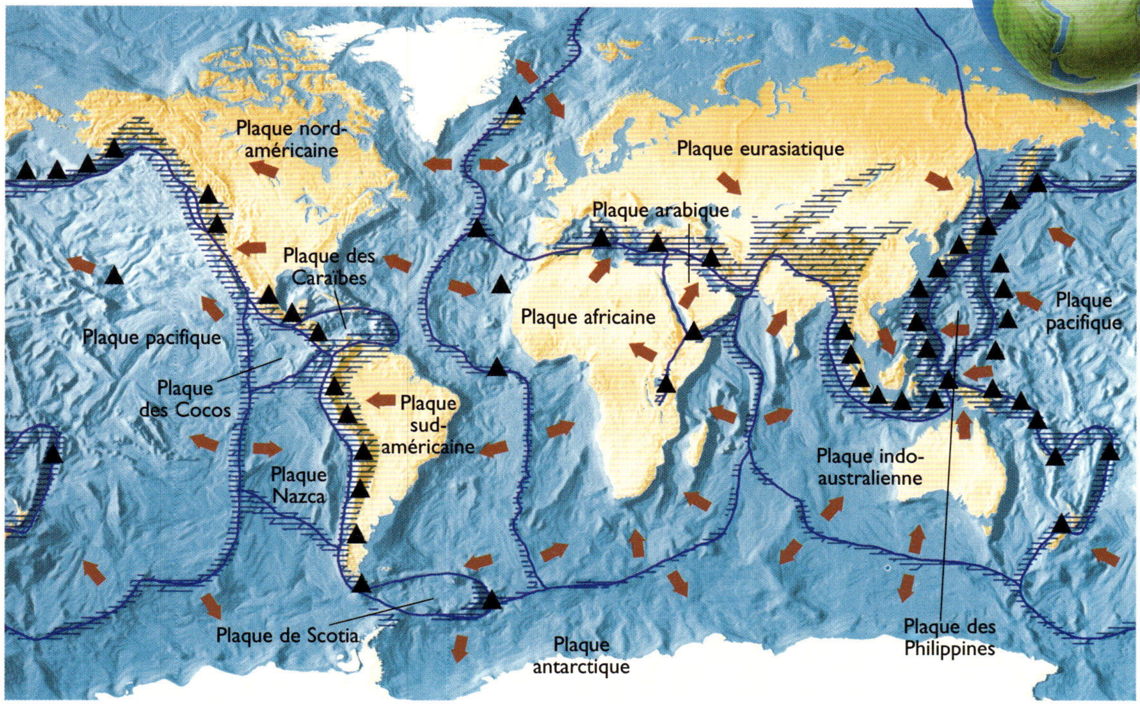

Il y a 200 millions d'années

Il y a 90 millions d'années

Aujourd'hui

Dans 60 millions d'années

**La dérive des continents**
Le mouvement des plaques modifie, depuis des millions d'années, la face de la Terre. Il y a 200 millions d'années, il n'y avait qu'un grand continent. Celui-ci s'est fracturé en deux blocs qui se sont morcelés aussi et qui ont dérivé pour aboutir au planisphère actuel. Dans 60 millions d'années, les continents dériveront encore.

**Les plaques lithosphériques**
Les plaques lithosphériques sont imbriquées les unes dans les autres, telles les pièces d'un immense puzzle. Elles sont toujours en mouvement (les flèches sur la carte indiquent leur direction). La plupart des volcans et des séismes se trouvent à la jointure des plaques. Les régions situées au centre des plaques, comme l'Australie, en comptent peu ; celles localisées en bordure, comme le Japon, en comptent beaucoup.

Direction du mouvement des plaques

▲ Volcans

Zone de foyers sismiques

### ◆ Le sais-tu ? ◆

- Lors de l'éruption du Krakatoa, en Indonésie, le 27 août 1883, le bruit fut entendu dans un rayon de 4 800 km !
- Plus de 500 000 tremblements de terre ont lieu chaque année. La plupart sont heureusement trop faibles pour provoquer des destructions.

**Plaques coulissantes**
Deux plaques coulissant l'une contre l'autre créent une faille. La friction entre les plaques provoque des séismes. Cela est fréquent le long de la faille de San Andreas, en Californie, l'une des deux plaques glissant vers le nord.

**Plissement de la croûte terrestre**
Quand deux plaques de même nature se heurtent, l'une chevauche l'autre. Les roches se plissent puis se déforment pour former des montagnes. Telle est l'origine de la puissante chaîne de l'Himalaya, en Asie.

**Collision de plaques océaniques**
Lorsque deux plaques océaniques se heurtent, la plus dense plonge sous l'autre, donnant naissance à une fosse. Par endroits, la remontée du magma forme des îles volcaniques : l'archipel du Japon s'est formé ainsi.

### ◆ Cherche ◆

- De quoi est fait le noyau de la Terre ?
- De quel phénomène sont issues les îles Hawaii ?
- Où les séismes ont-ils le plus de chances de se produire ?

# Temps et climats

Le temps qu'il fait est la combinaison passagère de la température, du vent et des précipitations en un lieu donné. Il varie d'un jour à l'autre et d'une région à l'autre. On constate cependant que l'état du ciel est à peu près le même tous les ans à la même époque. L'ensemble des types de temps qui se succèdent ainsi sur un espace donné en une année constitue le climat. Trois facteurs jouent un rôle déterminant dans la répartition des climats : la situation par rapport à l'équateur (la latitude), par rapport au relief (l'altitude) et par rapport aux océans. En outre, parce que la Terre est ronde, qu'elle tourne autour du Soleil et que l'axe des pôles est incliné, les rayons solaires ne réchauffent pas la surface terrestre partout de la même façon. Ainsi, les zones tropicales sont toujours chaudes et les régions polaires toujours glaciales, tandis qu'entre les deux le climat est tempéré. Il fait aussi plus froid en montagne qu'en plaine car, en altitude, l'atmosphère se raréfie et retient moins la chaleur. Près des mers, la brise et les courants marins modèrent les températures, en été comme en hiver.

### Schéma des vents

Comme l'air chaud s'élève et que l'air froid descend, le réchauffement inégal de la surface de la Terre crée des courants de circulation atmosphérique (voir schéma ci-dessous). Les courants sont déviés par la rotation de la Terre et constituent le système des vents (voir schéma en bas à droite). Ces vents, qui véhiculent des masses d'air chaud ou froid, humide ou sec, jouent un rôle important dans la répartition des climats à la surface du globe.

**Circulation atmosphérique**

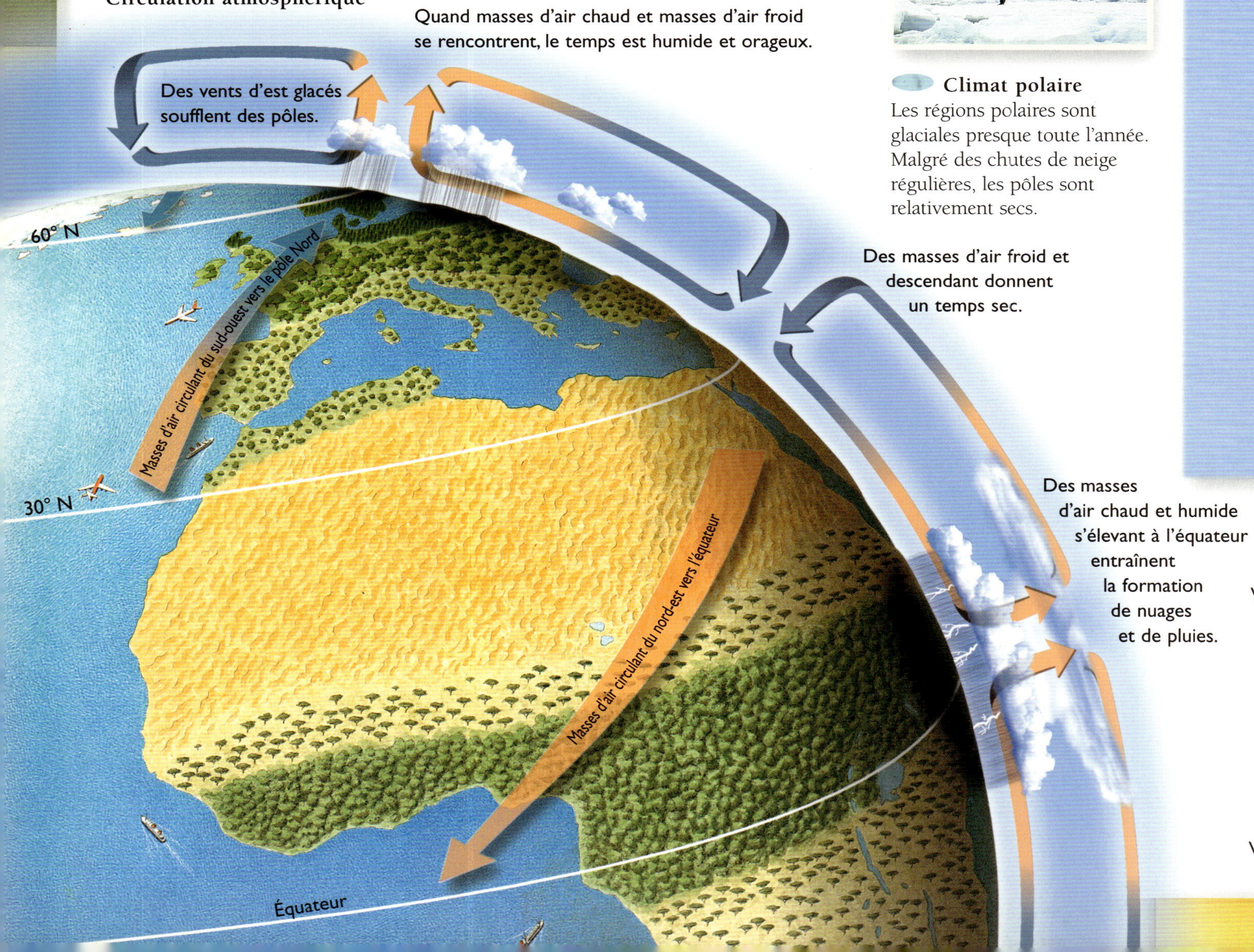


### Les climats dans le monde

Il existe à la surface du globe huit grandes zones climatiques (ci-dessous et ci-contre). Les courants marins influencent certains climats. Ainsi, la présence des eaux chaudes du Gulf Stream au large de l'Europe du Nord-Ouest rend le climat de cette zone doux et humide.

courant chaud  courant froid

**Climat montagnard**
Le climat est généralement plus froid, plus humide et plus venteux que dans les régions situées au niveau des mers.

**Climat polaire**
Les régions polaires sont glaciales presque toute l'année. Malgré des chutes de neige régulières, les pôles sont relativement secs.

**Climat continental**
Les hivers sont longs et rigoureux, les chutes de nei abondantes. Les étés sont chauds et orageux.

**Système des vents**

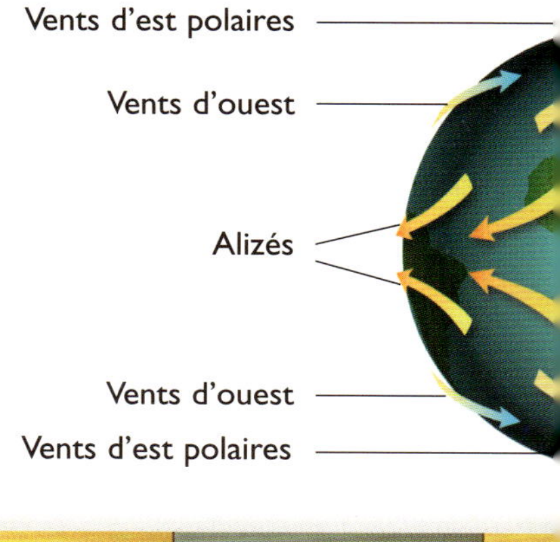

**Climat tempéré humide**
l y a quatre saisons distinctes. .es hivers sont doux et ıumides, les étés chauds t humides.

**Climat tempéré sec**
Les pluies sont peu abondantes. Les hivers sont doux et humides, les étés chauds et secs.

**Climat désertique**
Les pluies sont très faibles. Les journées sont chaudes et les nuits froides, avec parfois du gel.

**Climat subtropical**
Les étés sont chauds et humides, les hivers doux et secs, comme en milieu désertique.

**Climat tropical**
Il fait chaud et humide. Près de l'équateur, il pleut presque toute l'année. Ailleurs, les pluies tombent en été.

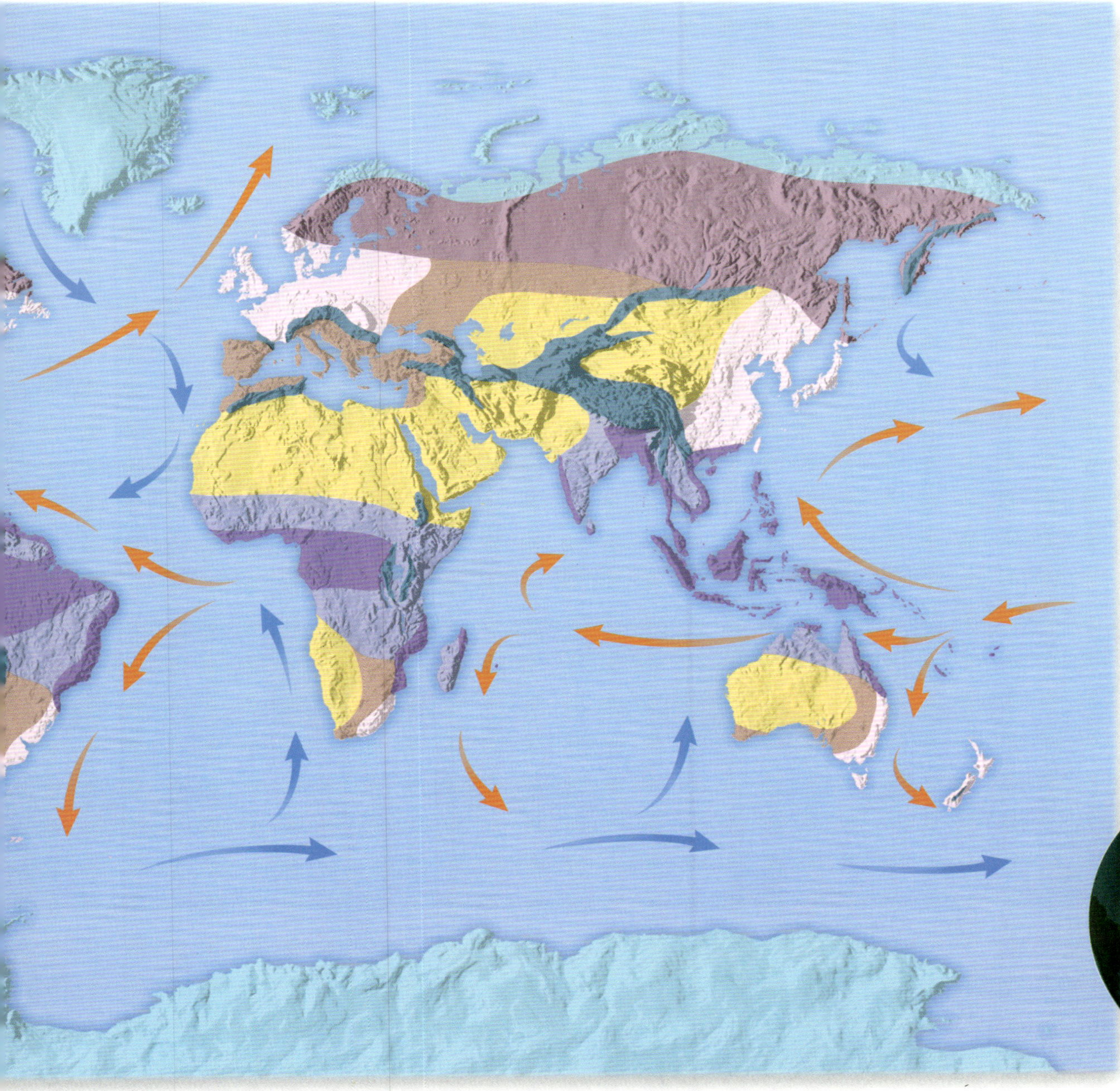

## LE SAIS-TU ?

On compte au moins 20 000 orages par jour dans le monde, dont environ 2 000 peuvent avoir lieu au même moment. Chaque seconde, 100 éclairs frappent le sol. Les orages se produisent partout dans le monde, mais ils sont particulièrement fréquents dans les régions tropicales.

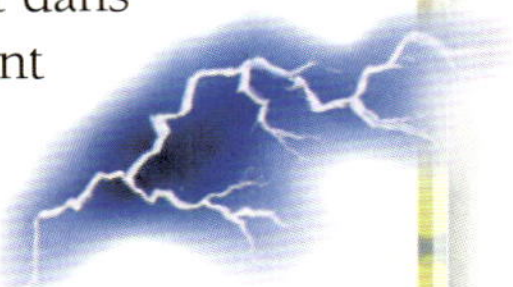

### LA CHALEUR SUR LA TERRE

Parce que la Terre est ronde et que l'axe des pôles est incliné, les rayons du soleil sont verticaux à l'équateur et obliques aux pôles. Pour cette raison, il fait très chaud dans les zones tropicales et froid dans les régions polaires.

## IDÉE : *pourquoi il fait plus froid aux pôles qu'à l'équateur*

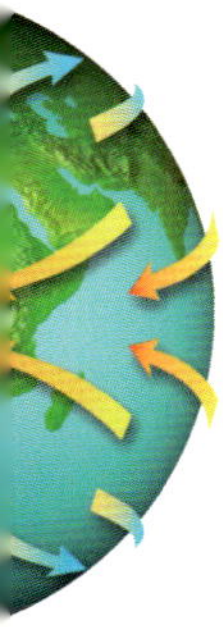

❶ Dans une pièce sombre, tiens une lampe électrique allumée au-dessus d'une table ou d'un bureau. Observe la forme et l'intensité du faisceau lumineux sur la surface.

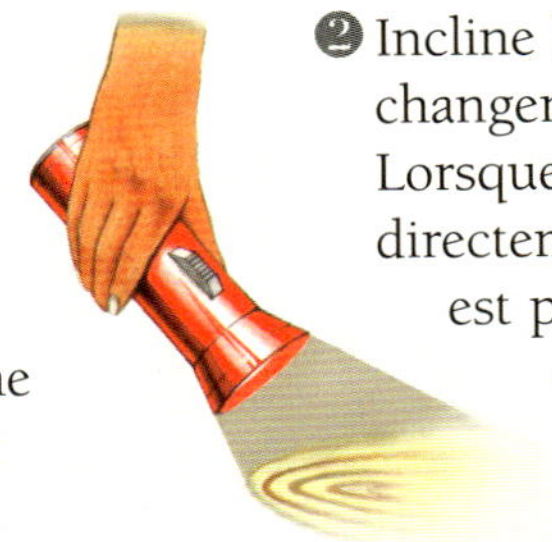

❷ Incline la lampe et observe le changement d'intensité lumineuse. Lorsque la lumière frappe directement la surface, le faisceau est petit et intense. Incliné, il devient plus large et plus faible. Transposé à la Terre, le phénomène est identique. À l'équateur, il fait chaud car les rayons du soleil tombent à la verticale. Aux pôles, les rayons étant inclinés, ils éclairent une surface plus grande mais chauffent avec moins d'intensité.

# Le monde vivant

LES SCIENTIFIQUES ONT, À CE JOUR, RECENSÉ près de deux millions d'espèces animales et végétales vivant à la surface du globe, mais, en réalité, il pourrait y en avoir beaucoup plus ! Ces organismes vivants constituent la biosphère, qui occupe les terres émergées, les océans et l'atmosphère, et présente une infinie variété de milieux. En plusieurs millions d'années d'évolution, les plantes et les animaux ont subi des modifications (morphologiques et comportementales) qui les ont progressivement adaptés à leur milieu. Un milieu ainsi que les êtres vivants qui s'y trouvent forment ensemble ce que l'on appelle un écosystème. Les membres de chaque écosystème dépendent les uns des autres pour vivre. Les végétaux, par exemple, servent de nourriture aux animaux herbivores, lesquels seront ensuite mangés par les animaux carnivores. La disparition d'une espèce (plante ou animal) déséquilibre cette chaîne alimentaire et affecte ainsi plus ou moins gravement l'écosystème.

**DES ÉCOSYSTÈMES VARIÉS**
Chaque écosystème a sa propre communauté de plantes et d'animaux. L'illustration ci-dessous représente les différents écosystèmes, depuis les milieux tropicaux humides (à gauche) jusqu'aux milieux polaires (à droite).

**La forêt tropicale humide**
Le climat chaud et humide de la zone intertropicale favorise le développement d'une forêt dense, qui abrite un très grand nombre d'espèces. Singes et oiseaux peuplent le sommet des arbres. Jaguars et autres mammifères vivent au sol.

**La savane subtropicale**
Il y a peu d'arbres car les pluies ne tombent qu'en été. La savane africaine est peuplée de troupeaux d'herbivores (zèbres, antilopes) chassés par des carnivores (lions, guépards...). Vautours et charognards dévorent les restes.

**Les déserts et zones arides**
Leurs espèces sont adaptées à la sécheresse. Certaines plantes (cactus) gardent l'eau dans leur tige, d'autres plongent leurs racines loin dans le sol pour puiser de l'eau. Beaucoup d'animaux ne sortent que la nuit, quand il fait plus frais.

**Les océans**
Les océans sont peuplés de milliers d'espèces végétales (des algues, par exemple) et animales (des poissons, des mammifères marins tels le phoq ou la baleine, du corail, etc.).

**LES ZONES VÉGÉTALES**
La végétation étant liée au climat, les milieux terrestres dépendent étroitement des zones climatiques.

- Forêt tropicale humide
- Savane subtropicale
- Déserts et zones arides
- Prairies et régions boisées tempérées
- Forêts de feuillus
- Taïga
- Montagnes
- Pôles et toundra

## ◆ LE SAIS-TU ? ◆

La rafflésie, plus grande fleur du monde (1 m de diamètre), pousse dans les forêts tropicales humides de l'Asie du Sud-Est. Elle dégage un parfum de chair pourrie qui attire les insectes.

**Les montagnes**
La végétation se raréfie avec l'altitude, à cause du froid et du vent. Les animaux ont une épaisse fourrure pour lutter contre le froid. Certaines espèces comme le bouquetin possèdent des sabots adaptés à l'escalade des pentes rocheuses.

**Les pôles et la toundra**
Les régions polaires, très froides, offrent peu d'abris. Les animaux ont une fourrure et une épaisse couche de graisse. À la lisière de l'Arctique, la toundra est un espace sans arbres. Les herbivores s'y nourrissent de plantes basses (lichens, par exemple).

**Les prairies et régions boisées**
Elles abondent dans les zones tempérées. La prairie est le domaine des herbivores, comme le bison, et le terrain de chasse idéal des oiseaux de proie. Faute d'abris naturels, de nombreux animaux vivent dans des terriers.

**Les forêts de feuillus**
Les zones tempérées humides sont le domaine des feuillus, arbres à feuilles caduques (qui tombent en hiver). Certains animaux migrent à la mauvaise saison vers le sud, d'autres vivent sur les réserves accumulées en été.

**La taïga**
Les régions froides des zones tempérées sont couvertes par la taïga, immense forêt de conifères (arbres à aiguilles) résistant aux grands froids. De nombreux animaux ont une épaisse fourrure, certains hibernent de longs mois.

## ◆ CHERCHE ◆

- Cite un animal herbivore de la savane africaine.
- Quelle plante emmagasine l'eau dans sa tige ?
- Comment les animaux des milieux montagnards se sont-ils adaptés ?

# Les ressources naturelles

La Terre procure à l'homme tout ce dont il a besoin. L'atmosphère, les cours d'eau et les lacs fournissent l'eau qui, avec la chaleur du Soleil et les ressources du sol, favorise la croissance des plantes. En échange, celles-ci donnent l'oxygène et la nourriture indispensables à la vie des hommes et des animaux. Ces derniers fournissent aux hommes la viande, la laine, le lait et le cuir. Des plantes, on obtient aussi le bois, le combustible et des fibres textiles comme le coton. Toutes ces ressources (eau, plantes, animaux) sont renouvelables : sagement utilisées, elles ne doivent pas disparaître. Les autres ressources ne sont pas renouvelables : une fois utilisées, elles ne se reconstituent pas et s'épuisent. Il s'agit des combustibles fossiles (charbon, pétrole, gaz naturel), des minéraux (argile, craie, minerais divers) ou des pierres précieuses (diamant, émeraude, etc.). Le charbon, le pétrole et le gaz naturel fournissent à l'homme l'énergie pour s'éclairer, se chauffer ou se déplacer. Ces combustibles fossiles proviennent de la décomposition de plantes et d'animaux microscopiques profondément enfouis dans le sol. Certaines de ces ressources non renouvelables risquent d'être épuisées d'ici cinquante ans. Ajouté à la pollution née de la combustion des énergies fossiles, ce problème incite les scientifiques à rechercher les moyens de répondre à la croissance des besoins en énergie, tout en préservant nos ressources naturelles.

**Les ressources naturelles**
La carte ci-dessus représente la répartition des sols et leur usage par l'homme, ainsi que les principaux gisements de combustibles fossiles.

Gaz naturel
Charbon
Pétrole

Zones urbaines : villes et industries

Grandes exploitations agricoles : cultures et élevage destinés à la vente

**Les sources d'énergie**
Le document ci-dessous présente les principales sources d'énergie que l'homme utilise. Charbon, pétrole et gaz naturel arrivent largement en tête (voir ci-contre). Les énergies nouvelles (solaire, éolienne) se développent cependant peu à peu dans certaines régions du monde, en raison de l'épuisement des gisements de combustibles fossiles.

**La consommation d'énergie**

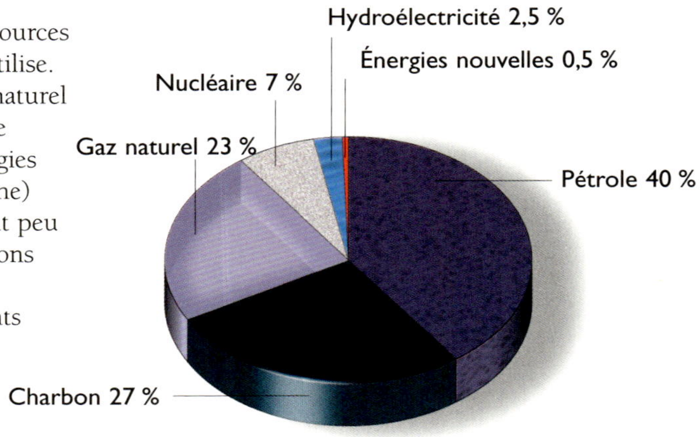


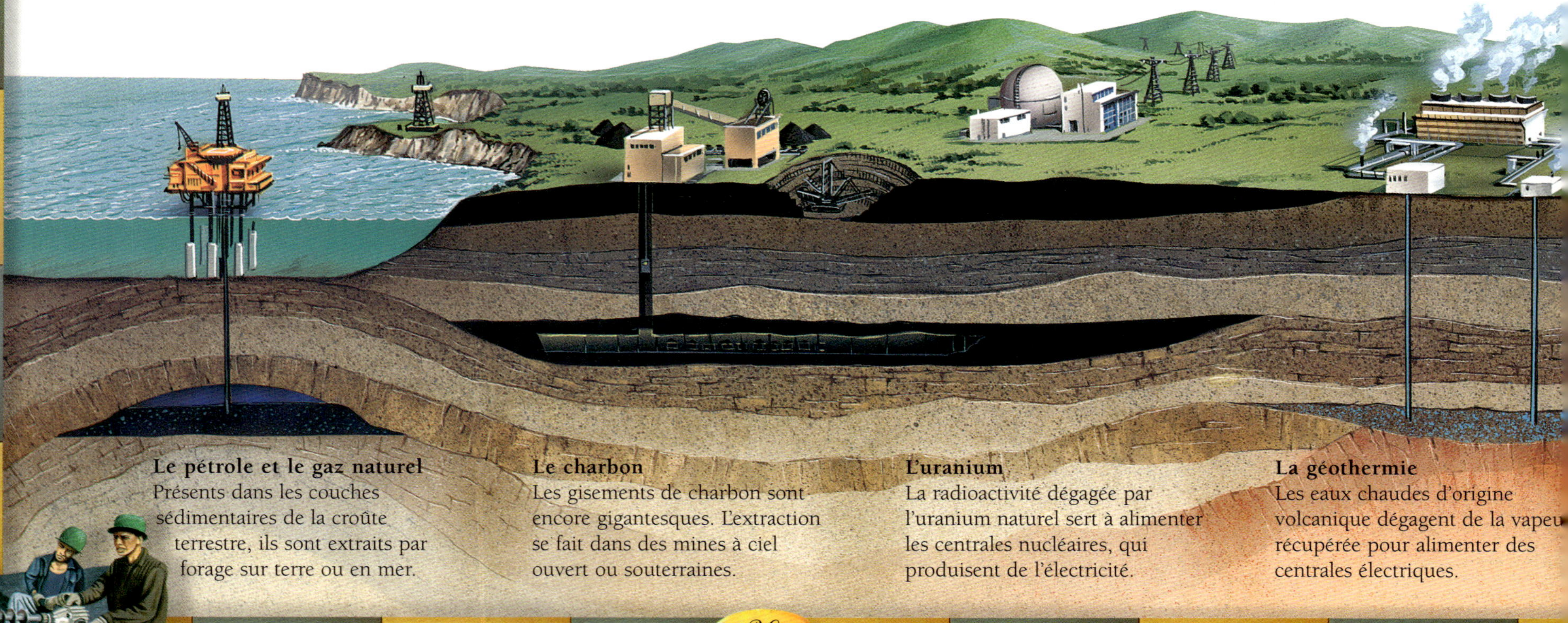

**Le pétrole et le gaz naturel**
Présents dans les couches sédimentaires de la croûte terrestre, ils sont extraits par forage sur terre ou en mer.

**Le charbon**
Les gisements de charbon sont encore gigantesques. L'extraction se fait dans des mines à ciel ouvert ou souterraines.

**L'uranium**
La radioactivité dégagée par l'uranium naturel sert à alimenter les centrales nucléaires, qui produisent de l'électricité.

**La géothermie**
Les eaux chaudes d'origine volcanique dégagent de la vapeur récupérée pour alimenter des centrales électriques.

Petites exploitations agricoles : cultures et élevages vivriers

Déserts, savanes et toundras accueillent des petits troupeaux

Zones non cultivables utilisées pour la chasse et l'exploitation minière

Prairies destinées au pâturage des grands troupeaux d'élevage

Espaces forestiers utilisés pour la culture, la chasse et l'exploitation minière

Principales zones de pêche

### LE CYCLE DE L'EAU

L'approvisionnement régulier des hommes en eau de pluie est assuré par un processus appelé cycle de l'eau. L'eau des océans, des lacs et des cours d'eau s'évapore dans les airs sous l'effet du rayonnement solaire. Plus l'air est chaud, plus l'évaporation est intense. En s'élevant dans l'atmosphère, la vapeur d'eau se condense et se transforme en nuages chargés de fines gouttelettes d'eau et de cristaux de glace. Lorsque ceux-ci deviennent trop lourds, il pleut ou il neige si l'air est froid. Les eaux ruissellent sur terre, alimentant les cours d'eau, les rivières, les lacs et les nappes souterraines. Elles s'écoulent ensuite, via les cours d'eau, vers les océans, achevant ainsi le cycle.

### ◆ *IDÉE : recréer le cycle de l'eau* ◆

Cette expérience simple doit te permettre de recréer le cycle de l'eau.

❶ Refroidis quelques minutes, dans un congélateur, une cuillère à soupe ou une louche, de préférence avec un manche en bois.

❷ Fais bouillir de l'eau avec l'aide d'un adulte.

❸ Arrivée à ébullition, l'eau se transforme en vapeur d'eau, qui s'élève au-dessus du récipient.

❹ Place la cuillère froide au-dessus de la vapeur en prenant soin de ne pas te brûler. Sous l'effet du froid, la vapeur d'eau se condense rapidement et forme des gouttelettes sur le dessous de la cuillère.

❺ En grossissant, les gouttelettes s'alourdissent et tombent, tout comme la pluie. Certaines retomberont dans le récipient, réapprovisionné ainsi en eau.

**L'hydroélectricité**
La force de l'eau fait tourner les turbines des générateurs électriques, qui sont placées au fond des barrages.

**L'énergie éolienne**
La force du vent actionne les pales des éoliennes, lesquelles vont alimenter des générateurs électriques.

**L'énergie solaire**
Des panneaux solaires réfléchissent les rayons du soleil sur un four solaire, transformant la chaleur intense en électricité.

**L'énergie marémotrice**
Un barrage laisse passer le courant des marées, qui fait tourner les turbines d'un générateur électrique.

# La population

La Terre compte aujourd'hui près de 5,8 milliards d'habitants, inégalement répartis à la surface des continents. Les zones le plus densément peuplées correspondent à celles où l'environnement naturel favorise les activités humaines. Les déserts et les régions polaires sont ainsi peu habités, contrairement aux zones fertiles, aux vallées fluviales, aux littoraux et aux régions riches en sources d'énergie. La population mondiale s'accroît beaucoup plus rapidement qu'autrefois (elle a plus que doublé depuis 1950). Cette croissance spectaculaire résulte à la fois de l'allongement général de l'espérance de vie, notamment grâce aux progrès de la médecine, et du fort taux de natalité dans les pays en voie de développement. Pauvres et peu industrialisés, ces pays ne parviennent pas à subvenir aux besoins d'une population en constante augmentation. Certains, comme la Chine ou l'Inde, limitent autoritairement les naissances.

### Les grandes populations du monde

Cette illustration représente les dix pays les plus peuplés du monde. La Chine arrive largement en tête : un homme sur cinq vit dans ce pays !

| Chine | Inde | États-Unis | Indonésie | Brésil | Russie | Pakistan | Bangladesh | Japon | Nigeria |
|---|---|---|---|---|---|---|---|---|---|
| 1,2 milliard | 937 millions | 264 millions | 204 millions | 161 millions | 150 millions | 132 millions | 128 millions | 126 millions | 101 millions |

### Les zones de peuplement

Les points sur la carte représentent les zones le plus densément peuplées.

Pays développés

Pays en voie de développement

### Des densités inégales

La densité (le nombre d'habitants au kilomètre carré) est très inégale d'un pays à l'autre.

Pays-Bas : 400 habitants au kilomètre carré

Australie : 2 habitants au kilomètre carré

### La croissance urbaine

Quand un pays se développe, la population part dans les villes pour y vivre et y travailler. En comparant Paris (France) et Djakarta (Indonésie), ce schéma montre que la population des villes des pays en voie de développement s'accroît plus rapidement que celle des pays développés.

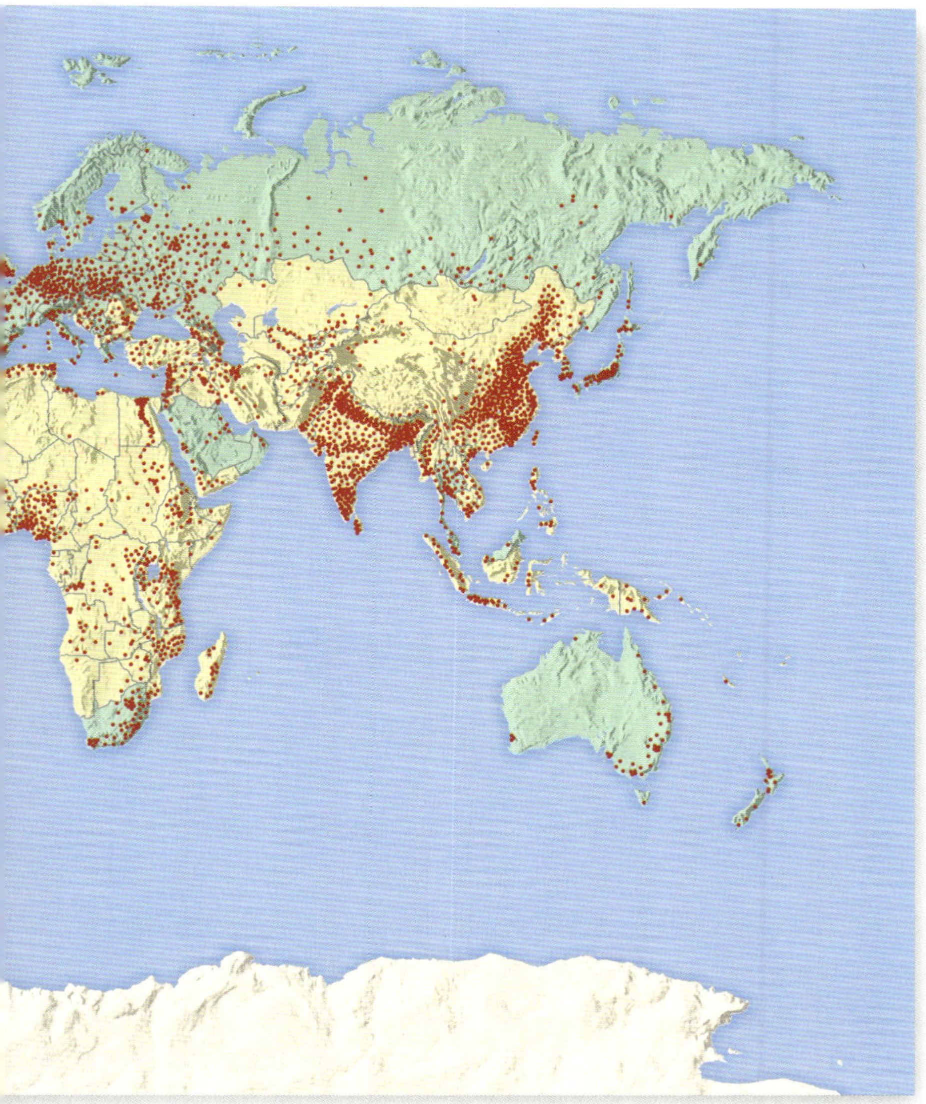

## LE SAIS-TU ?

- Trois enfants naissent à chaque seconde.
- Si la population mondiale était uniformément répartie à la surface du globe, chacun occuperait un espace dépassant quatre terrains de football.
- S'ils se tenaient serrés, les habitants de la Terre tiendraient sur l'île de la Jamaïque.

**LA CROISSANCE DÉMOGRAPHIQUE**
Un million d'enfants naissent en quatre jours. Si la population mondiale continue de croître à ce rythme, elle atteindra les 10 milliards en 2010. La croissance démographique des pays en voie de développement est actuellement plus rapide que celle des pays développés, qui est faible, voire négative.

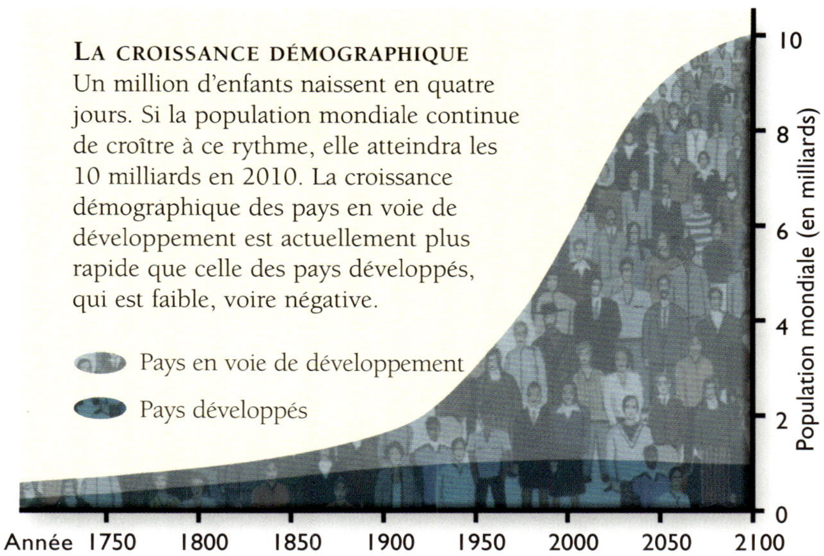


**PAYS RICHES ET PAYS PAUVRES**
Les pays industrialisés et à haute technologie font partie des pays développés. Le niveau de vie de leur population est élevé. Dans les pays faiblement industrialisés et à faible technologie, appartenant aux pays en voie de développement, le niveau de vie est bas et les populations pauvres. Moins nombreux, les habitants des pays développés consomment cependant beaucoup plus de ressources terrestres que les pays en voie de développement.

Les pays développés :
- représentent 20 % de la population mondiale,
- possèdent 80 % des richesses mondiales,
- consomment 70 % de l'énergie mondiale.

Les pays en voie de développement :
- représentent 80 % de la population mondiale,
- possèdent 20 % des richesses mondiales,
- consomment 30 % de l'énergie mondiale.

## IDÉE : *bonjour à tous !*

Plus de 3 000 langues sont parlées à travers le monde, mais plus d'un tiers de l'humanité utilise une des 6 langues ci-dessous. Tu peux ainsi apprendre à dire bonjour à plus de 2 milliards de personnes !

hello
***el**-lo*
**Anglais**
(350 millions de locuteurs)

你好
*ni-**hao***
**Chinois**
(1 milliard de locuteurs)

مرحبا
*mar-ha-**bann***
**Arabe**
(150 millions de locuteurs)

¡hola!
***o**-la*
**Espagnol**
(250 millions de locuteurs)

नमस्ते
*na-ma-**steil***
**Hindi**
(200 millions de locuteurs)

привет!
*pri-**viet***
**Russe**
(150 millions de locuteurs)

# Transports et communications

Pour se rendre de Londres à New York en 1860, il fallait voyager trois semaines. Aujourd'hui, la même distance est parcourue en un peu plus de trois heures. Ce changement fantastique a radicalement modifié notre vision du monde. Désormais, les pays les plus lointains nous paraissent relativement proches. Le monde semble s'être rétréci ! Le développement de moyens de transport de plus en plus rapides a multiplié les échanges commerciaux et les communications à travers le monde. Des avions transportent biens et personnes d'un bout à l'autre du globe en moins de vingt-quatre heures. Des produits frais (viande, fruits, légumes, etc.) traversent les océans à bord de cargos munis de chambres froides. Les télécommunications modernes (téléphone, fax, courrier électronique) relient instantanément les personnes où qu'elles se trouvent et favorisent les échanges culturels entre peuples. Nous pouvons aujourd'hui regarder les programmes de télévision des autres pays grâce au satellite, téléphoner à l'autre bout du monde ou communiquer par ordinateur grâce à Internet.

1860 : clipper - 3 semaines

1910 : vapeur *Mauretania* - 5 jours

1939 : hydravion Boeing 314 - 24 h

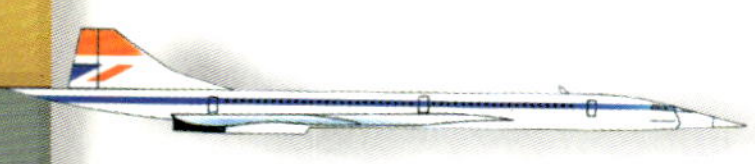

Aujourd'hui : avion supersonique Concorde - 3 h 30

### Les liaisons transatlantiques

En 1860, le clipper, navire à voiles, était le moyen de transport le plus rapide entre Londres et New York. La traversée de l'Atlantique, conditionnée par le temps, durait en principe trois semaines. En 1910, le vapeur *Mauretania* permit de relier ces deux villes en cinq jours. En 1939, l'hydravion Boeing 314 inaugurait la première liaison aérienne transatlantique en vingt-quatre heures. Aujourd'hui, le supersonique Concorde effectue cette même traversée en trois heures et demie.

### Les liaisons maritimes

Matières premières, produits agricoles ou manufacturés sont transportés sur des navires spécialisés : minéralier, vraquier, tanker, etc. Cette carte représente les principales liaisons maritimes et les ports les plus importants : le premier d'entre eux est Rotterdam, aux Pays-Bas.

### Les liaisons aériennes

L'avion est, de nos jours, le moyen de transport international le plus utilisé. Cette carte indique les lignes et les aéroports les plus fréquentés. L'aéroport de Chicago a le trafic le plus important : plus de 2 000 avions y atterrissent et y décollent chaque jour.

## LE COMMERCE INTERNATIONAL

Tous les pays du monde commercent entre eux. Les pays riches en matières premières ou grands producteurs agricoles exportent une partie de leurs produits vers les pays qui en sont plus ou moins dépourvus. D'autres pays, au contraire, exportent peu. Sur le schéma ci-dessous, les flèches indiquent les grands courants commerciaux divisés en trois catégories : produits agricoles, matières premières (minerais, pétrole, bois, etc.) et produits manufacturés (voitures, équipement électrique, etc.). Les principales productions de chaque région du monde sont également indiquées.

### ◆ CHERCHE ◆

- S'il est midi en France, quelle heure est-il dans l'est de l'Australie ?
- Quel est le principal port de Nouvelle-Zélande ?
- Quels produits manufacturés le Japon exporte-t-il ?

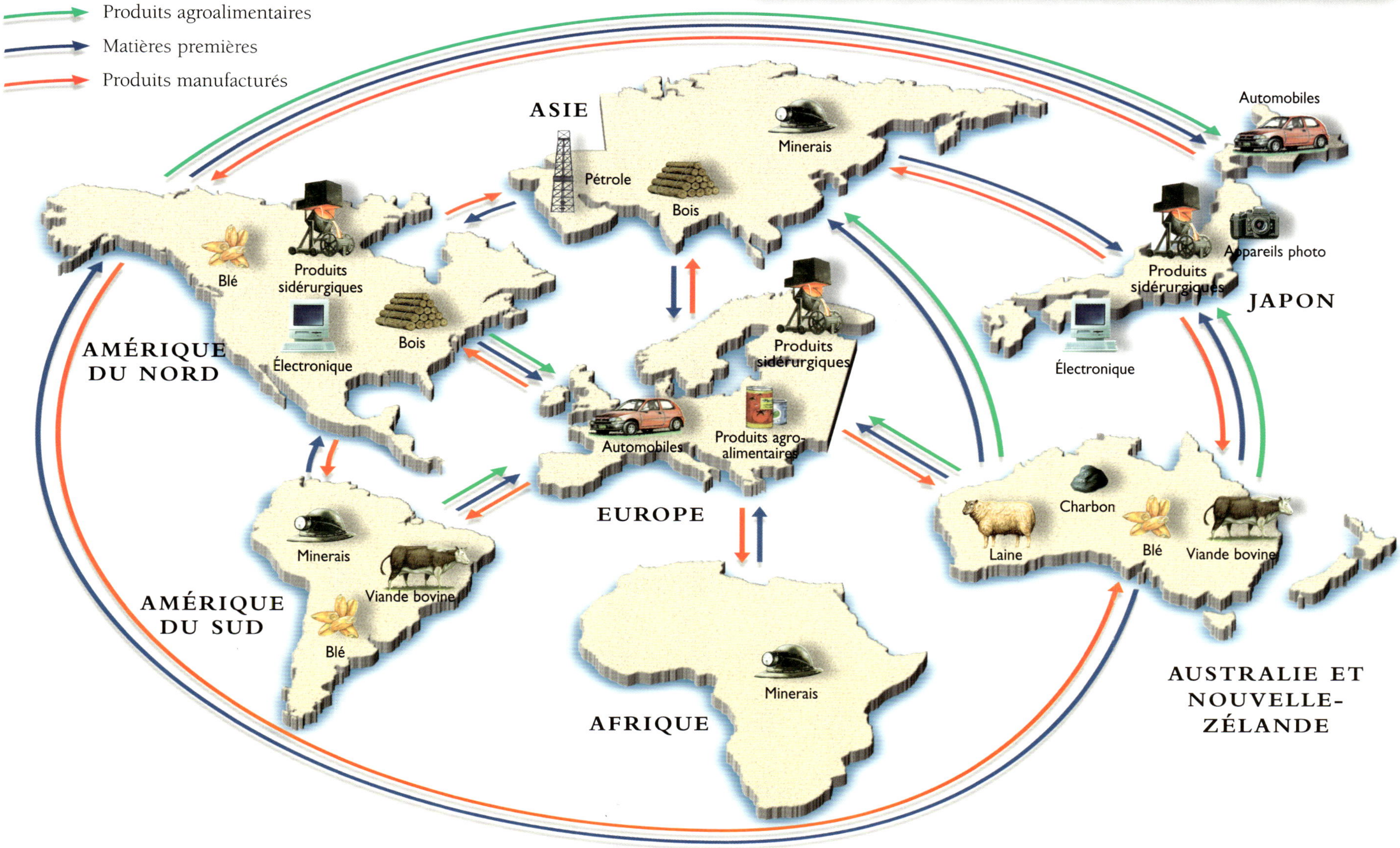


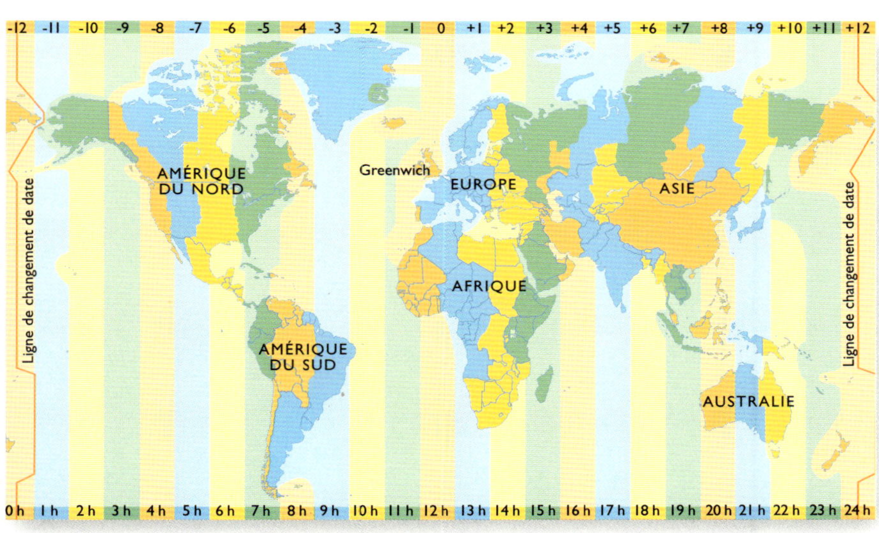


## LES FUSEAUX HORAIRES

Le globe est divisé en 24 parties égales dans lesquelles l'heure est identique : ce sont les fuseaux horaires. Quand on passe d'un fuseau à l'autre, on avance d'une heure si l'on va vers l'est, ou on retarde d'une heure si l'on va vers l'ouest. L'heure de référence est celle du fuseau de Greenwich, ou fuseau n° 0.

## UN MONDE VIRTUEL

L'informatique révolutionne aujourd'hui notre travail, nos loisirs et nos communications. On peut ainsi, à l'aide d'un ordinateur, envoyer du courrier électronique et des informations numérisées n'importe où dans le monde. On peut aussi lire des journaux, écouter de la musique et s'informer grâce aux réseaux informatiques comme Internet. Certains réseaux permettent de se parler en se voyant : c'est la vidéoconférence. Dans un avenir proche, on utilisera de plus en plus l'ordinateur pour faire ses courses, se distraire ou travailler.

# La planète en danger

De graves menaces pèsent sur l'avenir de notre planète. L'augmentation rapide de la population mondiale et le développement des industries, au cours des deux derniers siècles, ont aggravé les effets de l'activité humaine sur notre environnement. Des ressources naturelles non renouvelables risquent de s'épuiser. L'exploitation intensive des sols, des forêts et des mers risque d'empêcher leur reconstitution. Nos déchets industriels et ménagers empoisonnent l'eau. Les gaz d'échappement de nos voitures et les fumées de nos usines polluent l'air que nous respirons et pourraient modifier, à terme, les climats. Les scientifiques du monde entier recherchent des solutions pour limiter les gaspillages et préserver l'environnement planétaire. En recyclant les matériaux usagés, en réduisant la circulation automobile et en consommant des produits inoffensifs pour l'environnement, nous protégeons la Terre et préservons ses ressources pour les générations futures.

**Des effets planétaires**
Cette carte montre que les catastrophes naturelles touchent la planète entière. Les plus importantes sont recensées sur cette double page.

- Déserts actuels
- Régions menacées de désertification
- Zones forestières
- Déforestation
- Villes à fort taux de pollution de l'air
- Régions arrosées de pluies acides
- Eaux polluées
- Eaux chargées de mazout
- Pollution pétrolière par dégazage
- Principaux accidents nucléaires
- Principales marées noires
- Incendies de puits de pétrole

### ◆ Le sais-tu ? ◆

- 400 m² de forêt disparaissent toutes les neuf secondes au Brésil.
- Chaque jour, de nombreuses espèces animales et végétales sont menacées par la déforestation et la chasse.

**Contenir le désert**
Dans les régions sèches, le pâturage intensif et le déboisement entraînent une désertification des sols. Pour éviter l'avancée du désert, il faut mieux gérer l'exploitation agricole des terres et reboiser.

**Sauver la forêt**
L'homme détruit de vastes zones forestières pour le bois de construction, le bois de chauffage, la pâte à papier... ainsi que pour percer des voies d'accès vers les villes ou les fermes. En recyclant le papier et en reboisant, on peut contribuer à préserver la forêt.

**Réduire la pollution de l'air**
Par leurs rejets de fumées et de gaz toxiques, les voitures et les usines polluent l'atmosphère. Constructeurs et industriels s'efforcent de réduire cette pollution. En utilisant les transports en commun ou la bicyclette à la place de la voiture, on peut contribuer à limiter la pollution.

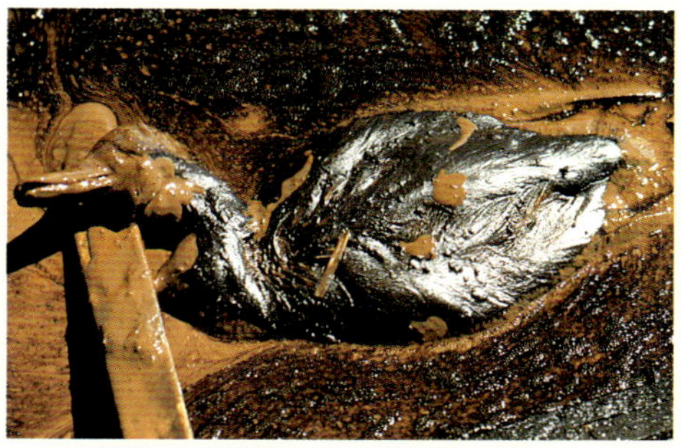

**La pollution des mers**
Le pétrole et d'autres polluants répandus en mer par les navires menacent la faune et la flore. En 1989, le naufrage du tanker *Exxon Valdez*, au large de l'Alaska, a provoqué la mort de milliers d'animaux.

**Les accidents nucléaires**
Les accidents nucléaires sont rares, mais peuvent être catastrophiques. En 1986, l'explosion d'un réacteur nucléaire à Tchernobyl, en Ukraine, dégagea des poussières radioactives, contaminant plusieurs régions d'Europe.

**Les incendies de puits de pétrole**
Ces incendies sont graves pour l'environnement. Durant la guerre du Golfe, au Koweït, en 1991, des centaines de puits de pétrole furent incendiés et polluèrent l'eau et l'air de la région.

**Limiter les pluies acides**
La pollution de l'air peut changer la pluie en acide tuant les arbres, polluant les cours d'eau et rongeant les façades des édifices. La seule façon de limiter les pluies acides est de réduire la pollution de l'air.

**Préserver la couche d'ozone**
Dans la haute atmosphère, une couche d'ozone filtre les rayons ultraviolets nocifs du Soleil. Elle est attaquée par les CFC (chlorofluorocarbones) utilisés dans les aérosols (bombes à raser, par exemple) et les réfrigérateurs (liquide réfrigérant). Pour préserver la couche d'ozone, utilise des produits sans CFC.

**Garder les eaux propres**
Rivières et océans sont pollués par les déchets déversés par les usines et navires, et par les eaux usées. Pour limiter cette pollution, soutiens les programmes locaux d'épuration des eaux, et ne jette pas d'ordures dans ou près des cours d'eau.

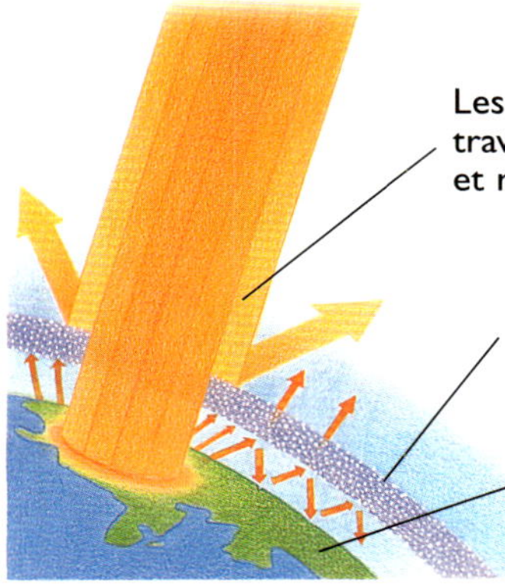


**L'EFFET DE SERRE**
Le gaz carbonique rejeté naturellement dans l'atmosphère par la végétation permet à la Terre de conserver la chaleur du Soleil. En brûlant des combustibles fossiles, l'homme augmente les émissions de ce gaz et le réchauffement de la Terre devient excessif. On risque alors de transformer des régions fertiles en déserts et de faire fondre les calottes glaciaires, provoquant ainsi l'inondation des côtes basses.

**◆ CHERCHE ◆**

- Comment éviter les pluies acides ?
- Quel gaz garde la Terre chaude ?
- Comment peut-on protéger la couche d'ozone ?

# Le monde physique

Mers et océans occupent 71 % de la surface de notre planète Terre (surnommée pour cette raison la « planète bleue »). Les océans sont de vastes et profondes étendues d'eau salée séparant les continents. Les mers sont plus petites et moins profondes. Il existe quatre océans – Pacifique, Atlantique, Indien et Arctique – et de nombreuses mers situées à leur périphérie. L'océan Pacifique est le plus vaste, sa superficie dépasse celle de tous les continents réunis. Ces derniers couvrent 29 % de la surface terrestre. Leur forme, la nature de leurs sols et de leur végétation varient fortement selon leur localisation. On trouve des montagnes, des plateaux et des plaines. Beaucoup de régions sont couvertes de végétation, mais d'autres en sont quasiment dépourvues. Les déserts couvrent 1/5 de la surface terrestre. Neige et glaces recouvrent les régions polaires et les sommets des montagnes. Les fonds océaniques comprennent des fosses profondes et des montagnes immergées, dont le sommet forme des îles. Hawaii, dans le Pacifique, en est un exemple. Du fond océanique au plus haut sommet (Mauna Kea), cette île mesure 10 250 m de haut, dépassant de 1 500 m l'Everest, la plus haute montagne sur terre.

## La Terre en chiffres

**Circonférence de la Terre à l'équateur :** 40 067 km
**Superficie des mers et des océans :** 362 033 000 km²
**Superficie des terres émergées :** 148 021 000 km²
**Plus vaste océan :** l'océan Pacifique, 166 241 700 km²
**Plus vaste masse continentale :** l'Eurasie (Europe et Asie), 53 698 000 km²
**Fosse la plus profonde :** la fosse des Mariannes, dans l'océan Pacifique, 10 911 m
**Plus vaste île :** le Groenland, 2 175 000 km²

## • Le sais-tu ? •

Environ 97 % des eaux de la Terre sont salées (ce sont les mers et les océans). Il reste donc moins de 3 % d'eau douce, dont plus des 2/3 sont contenus dans les glaces des régions polaires (Antarctique surtout). L'eau douce liquide représente moins de 1 % de l'eau planétaire. Elle est présente dans les cours d'eau, les lacs et surtout les profondeurs souterraines !

OCÉAN ARCTIQUE
Spitzberg
SVALBARD
TERRE FRANÇOIS-JOSEPH
TERRE DU NORD
NOUVELLE-ZEMBLE
Mer du Groenland
Mer de Barents
Mer de Kara
Mer de Laptev
ÎLES DE LA NOUVELLE-SIBÉRIE
Mer de Sibérie orientale
Mer des Tchouktches
Détroit de Béring
Île Jan Mayen
Islande
Mer de Norvège
ÎLES FÉROÉ
SCANDINAVIE
Dvina
MTS OURAL
Ob
PLAINE DE SIBÉRIE OCCIDENTALE
Ienisseï
PLATEAU DE SIBÉRIE CENTRALE
Lena
Mer du Nord
ÎLES BRITANNIQUES
Irlande
ÎLES ANGLO-NORMANDES
PLAINE GERMANO-POLONAISE
EUROPE
Volga
Dniepr
Angara
SIBÉRIE
Lac Baïkal
ASIE
Irtych
Amour
Mer d'Okhotsk
Mer de Béring
ÎLES ALÉOUTIENNES
FOSSE DES ALÉOUTIENNES
ÎLES KOURILES
FOSSE DES KOURILES
CARPATES
ALPES
Danube
Mer Noire
Mer Caspienne
STEPPE KIRGHIZE
Mer d'Aral
Lac Balkhach
TIAN SHAN
DÉSERT DE GOBI
Mer du Japon
Hokkaidō
Honshū
BASSIN DU PACIFIQUE NORD-OUEST
OCÉAN
AÇORES
MADÈRE
Mer Méditerranée
CHAÎNES DE L'ATLAS
Euphrate
Tigre
MTS ZAGROS
HINDOU KOUCH
KUNLUN SHAN
PLATEAU DU TIBET
Huang He
HIMALAYA
Yangzi Jiang
Indus
Gange
Mer de Chine orientale
Taïwan
ÎLES MIDWAY
ÎLES CANARIES
SAHARA
Nil
DÉSERT DE NUBIE
Mer Rouge
PÉNINSULE ARABIQUE
Mer d'Oman
DECCAN
Golfe du Bengale
Mékong
Luçon
BASSIN DES PHILIPPINES
FOSSE DES MARIANNES
DORSALE DU PACIFIQUE CENTRAL
Île de Wake
PACIFIQUE
SAHEL
Niger
AFRIQUE
ÎLES LAQUEDIVES
ÎLES ANDAMAN
Mer de Chine méridionale
FOSSE DES PHILIPPINES
Mer des Philippines
ÎLES MARIANNES
Guam
MICRONÉSIE
ÎLES MARSHALL
BASSIN DU PACIFIQUE CENTRAL
Île Johnston
Golfe de Guinée
Oubangui
Uele
Congo
BASSIN DU CONGO
GRANDE VALLÉE DU RIFT
Lac Victoria
Kasaï
MALDIVES
Sri Lanka
ÎLES NICOBAR
Belau
ÎLES CAROLINES
Nauru
KIRIBATI (ÎLES GILBERT)
MÉLANÉSIE
Sumatra
Bornéo
Ascension
SEYCHELLES
DORSALE CENTRALE INDIENNE
RIDE DU 90e EST
ÎLES DE LA SONDE
Java
RIDE DE JAVA
Nouvelle-Guinée
ÎLES SALOMON
OCÉANIE
ARCHIPEL DES COMORES
BASSIN INDIEN CENTRAL
Île Christmas
ÎLES COCOS
Tuvalu
Tokelau
ÎLES SAMOA
Ste-Hélène
Mayotte
Madagascar
Zambèze
Île Maurice
Réunion
OCÉAN INDIEN
BASSIN OUEST-AUSTRALIEN
Mer de Corail
Vanuatu
ÎLES FIDJI
Niue
Tonga
DÉSERT DU NAMIB
DÉSERT DU KALAHARI
Orange
RIDE DE WALVIS
GRAND DÉSERT DE SABLE
DÉSERT DE SIMPSON
CORDILLÈRE AUSTRALIENNE
Nouvelle-Calédonie
AUSTRALIE
GRAND DÉSERT VICTORIA
Lac Eyre
Darling
Murray
Île Norfolk
ÎLES KERMADEC
FOSSE DES KERMADEC
FOSSE DES TONGA
DORSALE SUD-ATLANTIQUE
Tristan da Cunha
Île Gough
CAP DE BONNE-ESPÉRANCE
DORSALE ATLANTICO-INDIENNE
Île Amsterdam
Île St-Paul
DORSALE ANTARCTICO-INDIENNE
Grande Baie australienne
Tasmanie
Mer de Tasman
NOUVELLE-ZÉLANDE
Île du Nord
Île du Sud
ÎLES CHATHAM
ÎLES DU PRINCE-ÉDOUARD
ÎLES CROZET
ÎLES KERGUELEN
ÎLES AUCKLAND
Île Bouvet
BASSIN ATLANTICO-INDIEN
ÎLES HEARD ET MACDONALD
Île Macquarie
BASSIN ANTARCTICO-INDIEN
ANTARCTIQUE
Mer de Ross

# Les États du monde

Les continents sont divisés en États : 194 au total, dirigés par un gouvernement et possédant leurs propres lois. Le plus petit est la Cité du Vatican (44 ha). Le plus vaste est la Russie (17 millions de kilomètres carrés). Les États sont délimités par des frontières, qui apparaissent nettement sur la carte ci-contre grâce à l'utilisation de couleurs différentes. Certaines frontières sont rectilignes, d'autres sont sinueuses. Certaines longent des rivières ou des chaînes de montagnes, d'autres traversent des lacs ou des mers. Les frontières ont souvent été modifiées au cours de l'Histoire. Parfois, un État a éclaté en plusieurs morceaux sous la pression de populations qui voulaient vivre séparément. Des querelles de frontières ont également conduit des États voisins à se faire la guerre. Dans cet atlas, les lignes en pointillé symbolisent les conflits frontaliers. Enfin, certains États exercent leur autorité sur des territoires situés à des milliers de kilomètres. Pour chacun de ces territoires, le nom du pays souverain est indiqué entre parenthèses.

## Les États en chiffres

**Nombre total d'États** : 194
**Nombre total de territoires** : 65
**États les plus vastes :**
Russie, 17 075 383 km²
Canada, 9 976 185 km²
Chine, 9 583 000 km²
**État le plus petit :** Cité du Vatican, 44 ha
**Frontière la plus longue :** la frontière États-Unis-Canada, 6 416 km.

## • Cherche •

Ces différentes formes représentent des pays figurant sur la carte ci-contre. Peux-tu retrouver leur nom ?

## Légende pour les petits États

1 PAYS-BAS
2 BELGIQUE
■3 LUXEMBOURG
4 RÉP. TCHÈQUE
5 SLOVAQUIE
6 SUISSE
■7 LIECHTENSTEIN
8 SLOVÉNIE
9 CROATIE
■10 ANDORRE
■11 MONACO
■12 SAINT-MARIN
■13 CITÉ DU VATICAN
14 BOSNIE-HERZÉGOVINE
15 MOLDAVIE
16 YOUGOSLAVIE
17 ALBANIE
18 MACÉDOINE
■19 GIBRALTAR (R.-U.)
20 ARMÉNIE
21 AZERBAÏDJAN
22 ÉMIRATS ARABES UNIS

OCÉAN ARCTIQUE
SVALBARD (NORVÈGE)
ÎLE JAN MAYEN (NORVÈGE)
ISLANDE
ÎLES FÉROÉ (DANEMARK)
NORVÈGE
SUÈDE
FINLANDE
ESTONIE
LETTONIE
LITUANIE
RUSSIE
DANEMARK
ROYAUME-UNI
IRLANDE
POLOGNE
BIÉLORUSSIE
ALLEMAGNE
UKRAINE
FRANCE
AUTRICHE
HONGRIE
ROUMANIE
BULGARIE
ITALIE
ESPAGNE
PORTUGAL
GRÈCE
MALTE
TURQUIE
CHYPRE
GÉORGIE
R U S S I E
KAZAKHSTAN
MONGOLIE
OUZBÉKISTAN
KIRGHIZISTAN
TURKMÉNISTAN
TADJIKISTAN
AFGHANISTAN
IRAN
IRAQ
SYRIE
LIBAN
ISRAËL
JORDANIE
KOWEÏT
BAHREÏN
QATAR
ARABIE SAOUDITE
OMAN
YÉMEN
PAKISTAN
NÉPAL
BHOUTAN
BANGLADESH
I N D E
C H I N E
CORÉE DU NORD
CORÉE DU SUD
JAPON
TAÏWAN
MACAO (PORTUGAL)
BIRMANIE (OU MYANMAR)
LAOS
THAÏLANDE
VIÊT NAM
CAMBODGE
PHILIPPINES
BRUNEI
MALAISIE
SINGAPOUR
I N D O N É S I E
ÎLES ANDAMAN (INDE)
ÎLES NICOBAR (INDE)
SRI LANKA (EX-CEYLAN)
ÎLES LAQUÉDIVES (INDE)
MALDIVES
TERRITOIRE BRITANNIQUE DE L'OCÉAN INDIEN (R.-U.)
ÎLE CHRISTMAS (AUSTRALIE)
ÎLES COCOS (AUSTRALIE)
SEYCHELLES
COMORES
MAYOTTE (FRANCE)
MADAGASCAR
ÎLE MAURICE
RÉUNION (FRANCE)
MADÈRE (PORTUGAL)
ÎLES CANARIES (ESPAGNE)
MAROC
TUNISIE
ALGÉRIE
LIBYE
ÉGYPTE
SAHARA OCCIDENTAL
MAURITANIE
MALI
NIGER
TCHAD
SOUDAN
ÉRYTHRÉE
DJIBOUTI
ÉTHIOPIE
SOMALIE
SÉNÉGAL
GAMBIE
GUINÉE-BISSAU
GUINÉE
BURKINA
SIERRA LEONE
LIBERIA
CÔTE D'IVOIRE
GHANA
TOGO
BÉNIN
NIGERIA
RÉPUBLIQUE CENTRAFRICAINE
CAMEROUN
GUINÉE ÉQUATORIALE
SÃO TOMÉ ET PRINCIPE
GABON
CONGO
RÉPUBLIQUE DÉMOCRATIQUE DU CONGO (EX-ZAÏRE)
OUGANDA
KENYA
RWANDA
BURUNDI
TANZANIE
ANGOLA
ZAMBIE
MALAWI
MOZAMBIQUE
ZIMBABWE
NAMIBIE
BOTSWANA
SWAZILAND
LESOTHO
AFRIQUE DU SUD
ASCENSION (R.-U.)
STE-HÉLÈNE (R.-U.)
MARTIM VAZ (BRÉSIL)
OCÉAN ATLANTIQUE
TRISTAN DA CUNHA (R.-U.)
ÎLE GOUGH (R.-U.)
ÎLES DU PRINCE-ÉDOUARD (AFRIQUE DU SUD)
ÎLES CROZET (FRANCE)
ÎLES KERGUELEN (FRANCE)
ÎLE AMSTERDAM (FRANCE)
ÎLE SAINT-PAUL (FRANCE)
ÎLES HEARD ET MACDONALD (AUSTRALIE)
SANDWICH DU SUD (R.-U.)
ÎLE BOUVET (NORVÈGE)
OCÉAN INDIEN
OCÉAN PACIFIQUE
ÎLES MIDWAY (É.-U.)
ÎLE WAKE (É.-U.)
ÎLES MARIANNES DU NORD (É.-U.)
GUAM (É.-U.)
ÎLES MARSHALL
ÎLE JOHNSTON (É.-U.)
BELAU
ÉTATS FÉDÉRÉS DE MICRONÉSIE
NAURU
KIRIBATI (EX-ÎLES GILBERT)
PAPOUASIE-NOUVELLE-GUINÉE
ÎLES SALOMON
TUVALU
TOKELAU (N.-Z.)
SAMOA OCCID.
SAMOA ORIENT. (É.-U.)
WALLIS-ET-FUTUNA (FRANCE)
VANUATU
NOUVELLE-CALÉDONIE (FRANCE)
ÎLES FIDJI
NIUE (N.-Z.)
TONGA
AUSTRALIE
ÎLE NORFOLK (AUSTRALIE)
ÎLES KERMADEC (N.-Z.)
NOUVELLE-ZÉLANDE
ÎLES CHATHAM (N.-Z.)
ÎLES AUCKLAND (N.-Z.)
ÎLE MACQUARIE (AUSTRALIE)
ÎLE CAMPBELL (N.-Z.)
OCÉAN PACIFIQUE
ANTARCTIQUE
J K L M N O P Q
2 3 4 5 6 7 8 9 10 11

# Amérique du Nord

Le continent nord-américain s'étend du sud du pôle Nord au nord de l'équateur. Il présente une grande diversité de milieux naturels : terres glacées, forêts, montagnes, déserts et jungles. À l'ouest, une chaîne de montagnes presque ininterrompue s'étire de l'Alaska au Costa Rica, incluant les montagnes Rocheuses, l'une des plus célèbres chaînes du monde. Les États-Unis (souvent appelés USA ou Amérique) et le Canada sont les plus vastes des 23 pays du continent américain. Les États-Unis sont constitués de 50 États. Le Canada est divisé en 10 provinces et 2 territoires. En Amérique du Nord, on trouve quelques-unes des plus grandes villes du monde mais aussi d'immenses zones inhabitées. La plupart des Nord-Américains sont les descendants d'immigrants européens, mais beaucoup sont d'origine africaine ou amérindienne.

## Principaux sommets et fleuves

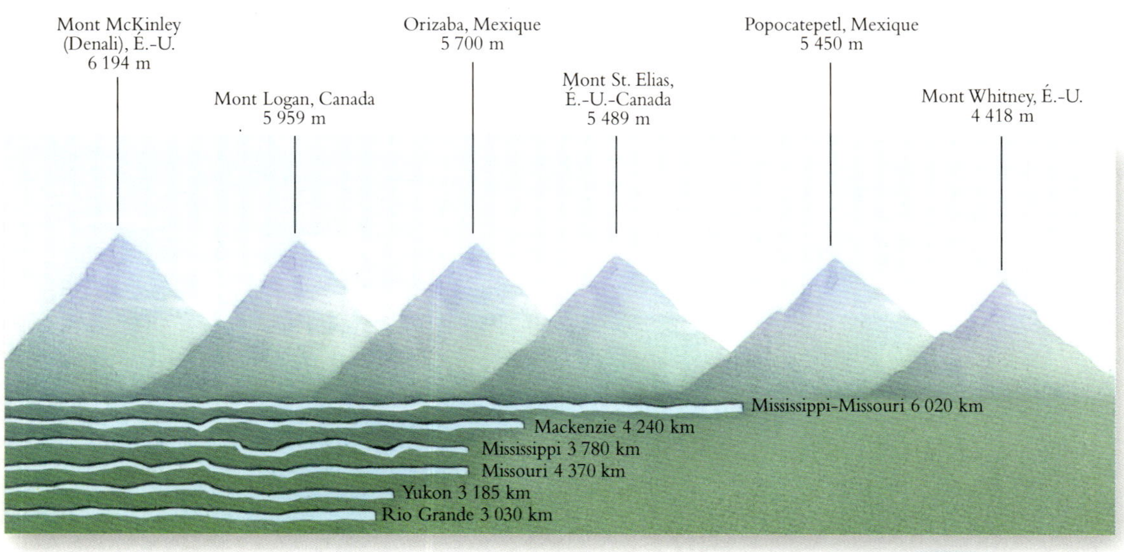


## Carte politique

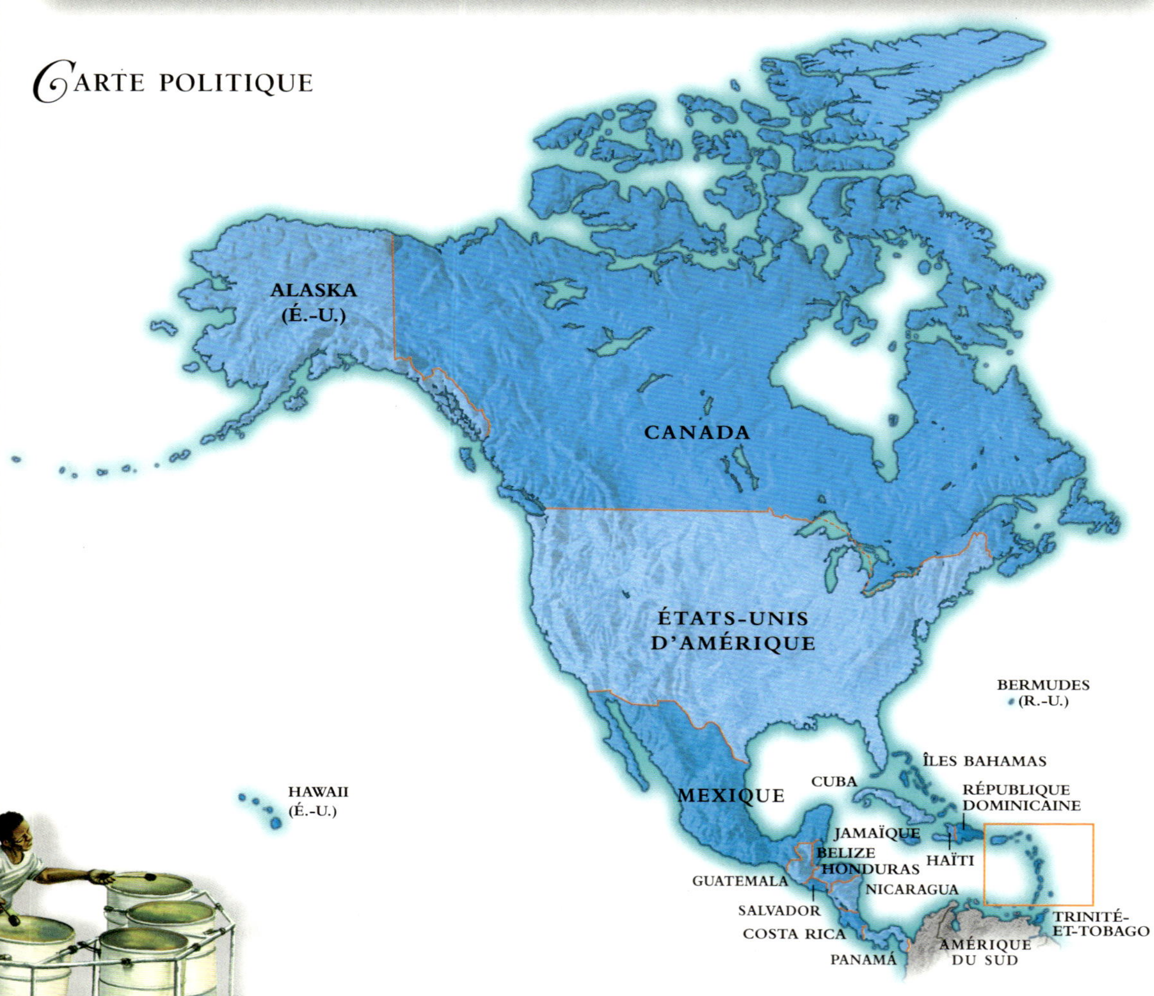


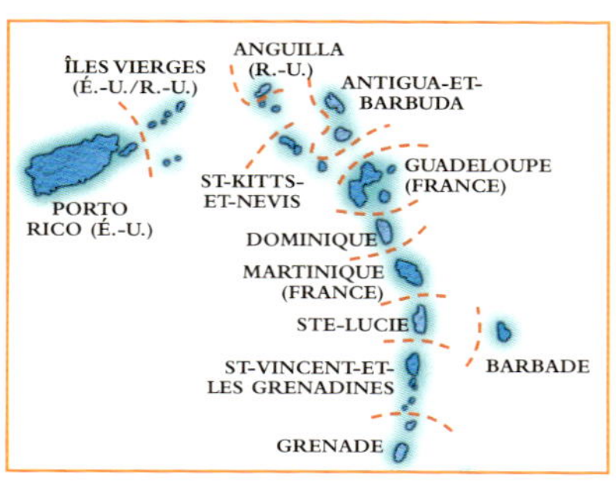


## Le continent

**Superficie :** 22 078 049 km²
**Population :** 453 356 000 habitants
**États indépendants :** Antigua-et-Barbuda, îles Bahamas, Barbade, Belize, Canada, Costa Rica, Cuba, Dominique, États-Unis d'Amérique, Grenade, Guatemala, Haïti, Honduras, Jamaïque, Mexique, Nicaragua, Panama, République dominicaine, Saint-Kitts-et-Nevis, Saint-Vincent-et-les Grenadines, Sainte-Lucie, Salvador, Trinité-et-Tobago

## Records du monde

**PLUS GRAND CANYON**
Le Grand Canyon, É.-U. : 446 km de long, 16 km de large, 1,6 km de profondeur

**PLUS GRAND LAC D'EAU DOUCE**
Le lac Supérieur, É.-U.-Canada : 82 350 km²

**PLUS LONG SYSTÈME DE GROTTES**
Les grottes du Mammouth, É.-U. : 565 km

**PLUS GRAND VOLCAN ACTIF**
Le Mauna Loa, Hawaii, É.-U. : 4 170 m de haut, 120 km de long, 50 km de large

**PLUS LONGUE FRONTIÈRE**
La frontière entre les États-Unis et le Canada : 6 416 km

**PLUS HAUT GEYSER ACTIF**
Le Steamboat Geyser, dans le parc national de Yellowstone, É.-U. : 115 m

**PLUS GRAND PARC À THÈME**
Le Walt Disney World, É.-U. : 122 km²

## Records du continent

**PLUS HAUT SOMMET**
Le mont McKinley (Denali), É.-U. : 6 194 m

**POINT LE PLUS BAS**
La vallée de la Mort, É.-U. : 86 m en dessous du niveau de la mer

**PLUS LONG FLEUVE**
Le Mississippi-Missouri, É.-U. : 6 020 km

**ÉTAT LE PLUS VASTE**
Le Canada : 9 970 610 km²

**ÉTAT LE PLUS PEUPLÉ**
Les États-Unis : 263 814 000 habitants

**AGGLOMÉRATION LA PLUS PEUPLÉE**
Mexico, Mexique : 15 600 000 habitants

# Carte physique

# Canada occidental et Alaska

Le Canada, deuxième plus grand pays du monde, couvre plus de la moitié de l'Amérique du Nord. Dans le nord du Canada, vaste, froid et sauvage, les ours pêchent le saumon dans les rivières aux eaux glaciales, et les loups chassent le caribou dans des plaines enneigées. Cet environnement froid n'attire pas la population : si les Territoires du Nord-Ouest occupent un tiers du Canada, leurs 66 600 habitants pourraient tenir dans un grand stade. 80 % de la population canadienne vit à moins de 300 km de la frontière méridionale du pays, où le climat est plus doux et le sol plus fertile. La prairie qui couvre en partie l'Alberta, le Manitoba et la Saskatchewan est l'une des régions agricoles les plus fertiles du monde. Ces provinces approvisionnent également presque tout le Canada en pétrole et en gaz naturel. À l'ouest des montagnes Rocheuses, le littoral pacifique est parsemé d'îles et d'étroites voies navigables. L'Alaska est le plus vaste État des États-Unis, mais il est séparé du reste du pays par le Canada. Plus de la moitié des terres sont sauvages, réservées à la vie animale. Enfin, l'Alaska possède quelques-uns des plus grands champs pétrolifères de l'Amérique du Nord.

| | |
|---|---|
| **ALASKA (É.-U.)** | Population : 603 600 ∗ Capitale : Juneau |
| **ALBERTA** | Population : 2 789 500 ∗ Capitale : Edmonton |
| **COLOMBIE-BRITANNIQUE** | Population : 3 855 100 ∗ Capitale : Victoria |
| **MANITOBA** | Population : 1 143 500 ∗ Capitale : Winnipeg |
| **SASKATCHEWAN** | Population : 1 022 500 ∗ Capitale : Regina |
| **YUKON** | Population : 31 500 ∗ Capitale : Whitehorse |
| **TERRITOIRES DU NORD-OUEST** | Population : 66 600 ∗ Capitale : Yellowknife |

## Le sais-tu ?

Les États-Unis ont acheté l'Alaska à la Russie, en 1867, pour 7,2 millions de dollars. À l'époque, beaucoup crièrent au gaspillage. Mais de vastes gisements d'or et de pétrole furent découverts et l'Alaska parut une bonne affaire.

**Ours brun d'Alaska**
Avec sa taille de 2,70 m, cet énorme ours est le plus gros carnivore de la planète. Il pêche souvent le saumon dans les rivières et les fleuves.

 *Voir aussi la page 104*

## ◆ IDÉE : *fabriquer un masque inuit* ◆

Lors de leurs cérémonies et rites, les Inuit (Esquimaux) utilisent de petits masques, fixés sur leurs doigts, pour représenter l'esprit de leurs ancêtres. Ces masques sont souvent sculptés dans le bois ou la pierre, mais tu peux confectionner les tiens avec du carton.

❶ Découpe un disque d'environ 10 cm de diamètre. Perce deux trous à sa base, assez gros pour y introduire tes doigts.

❷ Dessine un visage au centre du disque. Orne le carton d'une frange, ou colle des plumes ou des perles autour du visage.

❸ Pour utiliser le masque, bouge lentement ta main de gauche à droite, au rythme d'un tambour.

**LA POLICE MONTÉE ROYALE CANADIENNE (LES *MOUNTIES*)**

La force de police nationale canadienne fut créée en 1873 pour empêcher les querelles entre tribus indigènes et marchands européens.

# Canada : l'Est

Environ 60 % des Canadiens vivent le long des rives du Saint-Laurent et des Grands Lacs, sur 2 % de la superficie du pays. Les immigrants européens se sont établis ici : le sol y est fertile, les voies d'eau facilitent les transports. De nos jours, la région abrite les plus importantes villes canadiennes, dont les deux plus grandes : Toronto et Montréal. Au Canada, l'anglais et le français sont les deux langues principales. La majorité des francophones vit dans la province de Québec, qui fut autrefois un territoire français. Les forêts, lacs et rivières qui couvrent presque tout le Québec sont une source de richesses à travers l'industrie forestière (12 % de la production mondiale de papier et de pâte à papier) et la production d'électricité (centrales hydroélectriques). Le climat du Canada oriental varie : tempéré dans le Sud, arctique dans le Nord. La baie d'Hudson est prise par les glaces neuf mois par an, ce qui permet aux ours blancs de rôder sur la banquise à la recherche de nourriture. Au large des côtes septentrionales de Terre-Neuve flottent d'énormes icebergs hauts de plus de 45 m. Plus au sud, les baies sont soumises à des marées démesurées. Dans la baie de Fundy, la mer peut atteindre 15 m à marée haute, assez pour recouvrir un immeuble de quatre étages !

**ÎLE-DU-PRINCE-ÉDOUARD**
Population : 137 300 ✳ Capitale : Charlottetown

**NOUVEAU-BRUNSWICK**
Population : 762 500 ✳ Capitale : Fredericton

**NOUVELLE-ÉCOSSE**
Population : 942 800 ✳ Capitale : Halifax

**ONTARIO**
Population : 11 252 400 ✳ Capitale : Toronto

**QUÉBEC**
Population : 7 389 100 ✳ Capitale : Québec

**TERRE-NEUVE**
Population : 570 700 ✳ Capitale : St. John's

### ◆ Cherche ◆

- Quelle est la capitale du Canada ?
- Quel mammifère marin menacé nage au large de Terre-Neuve ?
- Quel type de minerai est extrait du sous-sol de Terre-Neuve ?

**Le Big Nickel**
La région de Sudbury est riche en nickel. Symbole de l'importance de ce métal pour la communauté, une pièce géante de 5 cents canadiens (ou « nickel »), se dresse à l'extérieur de la ville.

**Le hockey sur glace**
Ce jeu, pratiqué pour la première fois, en 1855, par des soldats britanniques basés dans l'Ontario et en Nouvelle-Écosse, est aujourd'hui le sport national du Canada.

## ◆ LE SAIS-TU ? ◆

La tour du CN (chemin de fer canadien), à Toronto, est la plus haute du monde. Achevée en 1976, elle s'élève à 553 m de hauteur, l'équivalent d'un immeuble de 150 étages ! Du sommet de la tour, on peut voir par temps clair jusqu'à plus de 120 km.

**PHOQUES DU GROENLAND**
Chaque année, en mars, plus de 250 000 de ces phoques migrent vers les îles du golfe du Saint-Laurent pour y donner naissance à leurs petits.

# États-Unis : le Nord-Est

Le Nord-Est regroupe à lui seul 65 millions d'habitants, plus du quart de la population totale des États-Unis. De Boston (Massachusetts), au nord, à Washington D.C. (district de Columbia), au sud, 600 km de côtes accueillent d'importantes villes. Banlieues comprises, la ville de New York forme une immense agglomération où vivent 16 millions de personnes. C'est la plus grande ville des États-Unis, et la troisième plus grande ville de la planète. Si New York n'est pas la capitale des États-Unis, c'est un centre financier et culturel de tout premier plan, à l'échelon national et mondial. Le cœur de la cité géante est Manhattan (« l'île aux collines »).

Le massif montagneux des Appalaches sépare les villes côtières des Grands Lacs et des plaines de l'intérieur. Il s'étend sur plus de 2 600 km, de l'Alabama, dans le sud des États-Unis, jusqu'au Maine, dans le Nord. La principale ressource de la région appalachienne est la houille (le Kentucky produit beaucoup de charbon). Des exploitations agricoles se sont installées dans de nombreuses vallées des Appalaches, mais il subsiste de vastes zones montagnardes couvertes de forêts où des baribals (ours noirs) errent à la recherche de nourriture... Ces forêts offrent une féerie de couleurs, à l'automne, quand les feuilles se parent de pourpre et d'or.

**CONNECTICUT**
Population : 3 275 000 * Capitale : Hartford

**DELAWARE**
Population : 717 200 * Capitale : Dover

**DISTRICT DE COLUMBIA**
Population : 554 200 * Capitale : Washington, D.C.

**KENTUCKY**
Population : 3 860 000 * Capitale : Frankfort

**MAINE**
Population : 1 241 000 * Capitale : Augusta

**MARYLAND**
Population : 5 042 000 * Capitale : Annapolis

**MASSACHUSETTS**
Population : 6 074 000 * Capitale : Boston

**NEW HAMPSHIRE**
Population : 1 148 000 * Capitale : Concord

**NEW JERSEY**
Population : 7 945 000 * Capitale : Trenton

**NEW YORK**
Population : 18 136 000 * Capitale : Albany

**PENNSYLVANIE**
Population : 12 072 000 * Capitale : Harrisburg

**RHODE ISLAND**
Population : 989 800 * Capitale : Providence

**VERMONT**
Population : 584 800 * Capitale : Montpelier

**VIRGINIE**
Population : 6 618 000 * Capitale : Richmond

**VIRGINIE OCCIDENTALE**
Population : 1 828 000 * Capitale : Charleston

### • *Idée : un collier iroquois* •

Chez les Indiens Iroquois, lorsque l'on veut annoncer quelque chose d'important à quelqu'un, on doit lui offrir un cadeau en gage de bonne foi. Ce cadeau est souvent un collier de coquillages blancs et violets (*wampum*). Pour fabriquer un collier d'amitié iroquois : enfile des coquillages percés ou des perles de couleur sur des bouts de ficelle que tu attacheras à un cordon. Pense à donner la signification de ton cadeau à celui ou celle qui le recevra !

**Le derby du Kentucky**
C'est la plus célèbre course de chevaux des États-Unis. Elle date de 1875 et se tient chaque année, le premier samedi de mai, près de Louisville.

**La cloche de la Liberté**
*Liberty Bell* sonna la première pour annoncer l'adoption de la Déclaration d'indépendance, le 8 juillet 1776.

## LE SAIS-TU ?

La statue de la Liberté qui se dresse à New York est un don du peuple français au peuple américain. Elle est l'œuvre du sculpteur Frédéric-Auguste Bartholdi et de l'ingénieur Gustave Eiffel (juste avant qu'il ne construise la tour Eiffel à Paris). Inaugurée en 1886, après neuf ans de travaux, la plus célèbre statue du monde est composée de 300 plaques de cuivre et mesure 46 m de haut (93 m avec le socle).

LOCALISATION

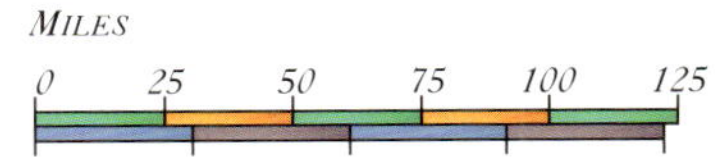


**LE CHRYSLER BUILDING**
Ce gratte-ciel new-yorkais fut érigé en 1930 par l'architecte Van Alen pour le constructeur automobile Walter Chrysler. Les arches d'acier du sommet ont la forme d'enjoliveurs.

**LE *MAYFLOWER***
En 1620, le *Mayflower* transporta, d'Angleterre en Amérique, ceux qui allaient coloniser la Nouvelle-Angleterre.

# États-Unis : le Sud

Le sud des États-Unis est une région chaude et humide composée de plaines, de rivières, de marécages et de lagunes. Partant du Texas, à la frontière mexicaine, une large ceinture s'étire autour du golfe du Mexique jusqu'à la Floride et remonte le long de la côte atlantique. Au nord et à l'ouest, les plaines côtières s'élèvent vers des plateaux rocheux et des massifs montagneux, dont les Appalaches, formés il y a quatre cents millions d'années et qui sont les plus vieilles montagnes d'Amérique du Nord. D'immenses exploitations agricoles déploient cheptels et cultures dans les plaines fertiles de l'Est et du Sud. À l'ouest, les vastes étendues du Texas (le plus grand État américain après l'Alaska) sont propices à l'agriculture et à l'élevage et renferment d'importantes ressources en minerais. Quant aux réserves de pétrole et de gaz naturel, elles font du Texas l'un des États les plus riches d'Amérique. De nombreux fleuves traversent le sud des États-Unis, dont le Mississippi, qui se jette dans le golfe du Mexique au terme de son long périple (3 780 km) depuis le Minnesota. Le long des plaines côtières du golfe et de l'Atlantique, fleuves et rivières ont formé des lacs peu profonds, des deltas boueux et des marécages, repère des serpents, des alligators et des tortues. Le climat et les plages de la Floride sont à la base de l'essor du tourisme dans la péninsule ; le parc d'attractions Walt Disney World, près d'Orlando, draine à lui seul plus de 25 millions de touristes par an. L'île de Cuba n'est pas loin des États-Unis : elle s'étend à 217 km seulement au sud de Key West, situé à l'extrême sud de la Floride.

| | | |
|---|---|---|
| **ALABAMA** | Population : 4 253 000 | Capitale : Montgomery |
| **ARKANSAS** | Population : 2 484 000 | Capitale : Little Rock |
| **CAROLINE DU NORD** | Population : 7 195 000 | Capitale : Raleigh |
| **CAROLINE DU SUD** | Population : 3 673 000 | Capitale : Columbia |
| **FLORIDE** | Population : 14 166 000 | Capitale : Tallahassee |
| **GÉORGIE** | Population : 7 201 000 | Capitale : Atlanta |
| **LOUISIANE** | Population : 4 342 000 | Capitale : Baton Rouge |
| **MISSISSIPPI** | Population : 2 697 000 | Capitale : Jackson |
| **OKLAHOMA** | Population : 3 278 000 | Capitale : Oklahoma City |
| **TENNESSEE** | Population : 5 256 000 | Capitale : Nashville |
| **TEXAS** | Population : 18 724 000 | Capitale : Austin |

**Rodéo**
Dans un concours de rodéo, les candidats (hommes et femmes) sont jugés sur leur habileté à capturer des animaux au lasso et sur leurs qualités de cavaliers (ils doivent rester en selle au moins 8 secondes sur un taureau).

**Bateau à aubes**
Au XIXe siècle, plus de 400 de ces élégants bateaux remontaient les eaux majestueuses du Mississippi.

## • LE SAIS-TU ? •

Les Everglades, vaste région marécageuse de la Floride méridionale, sont en fait une énorme rivière au lent débit, peu profonde (15 cm en moyenne) mais s'étendant sur 160 km de longueur pour 80 km de largeur. Ses eaux viennent du lac Okeechobee, qui déborde pendant la saison humide d'été.

## • CHERCHE •

- Que cultive-t-on dans l'Arkansas ?
- Quel État abrite la base aérospatiale du cap Canaveral ?
- Quel est le nom de la rivière qui marque la frontière entre les États-Unis et le Mexique ?

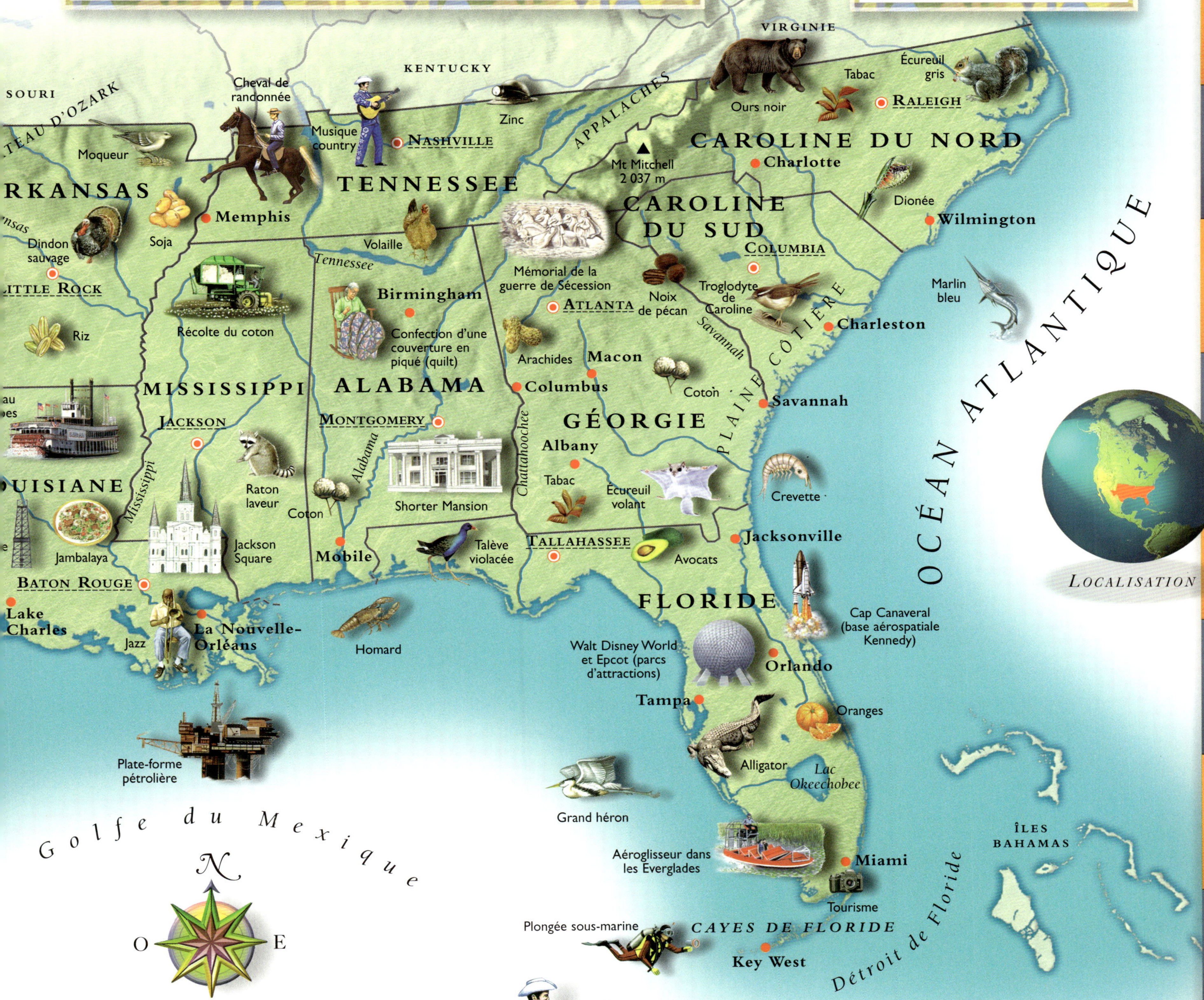

**LA MUSIQUE COUNTRY**

Nashville, capitale du Tennessee, est aussi la capitale de la musique country. La ville compte environ 180 maisons de disques, 25 studios d'enregistrement et 450 éditeurs de disques.

# États-Unis : le Centre

Véritable corne d'abondance des États-Unis, le Centre est une zone immense regroupant une douzaine d'États ; on l'appelle le Midwest, ou Middle West. Les Grandes Plaines du Midwest sont aussi le domaine des grands fleuves, comme le Mississippi et le Missouri. Au nord-est – frontière naturelle avec le Canada – s'étend la région des Grands Lacs, le plus vaste complexe d'eau douce du monde. Les nombreuses industries qui se sont installées sur la côte sud du lac Michigan et du lac Érié (industrie sidérurgique, notamment) ont malheureusement engendré une forte pollution et défiguré bien des paysages... Le sud et l'ouest des Grands Lacs étaient jadis un océan de prairies sauvages où paissaient par millions des bisons et des cerfs. Autrefois domaine des Indiens (Sioux et Comanches notamment), ces territoires sont aujourd'hui le fief d'exploitations agricoles colossales qui en font le grenier de l'Amérique. Outre ses cultures de blé et de soja, ses élevages de porcs et de vaches laitières, l'Iowa fournit à lui seul la moitié de la production mondiale de maïs. Plus à l'ouest, dans le Kansas et le Dakota du Nord, des champs de blé s'étendent à perte de vue… Quant au Dakota du Sud, l'élevage n'est pas sa seule ressource : il est aussi le premier producteur d'or des États-Unis.

| | |
|---|---|
| **DAKOTA DU NORD** | Population : 641 400 * Capitale : Bismarck |
| **DAKOTA DU SUD** | Population : 729 000 * Capitale : Pierre |
| **ILLINOIS** | Population : 11 830 000 * Capitale : Springfield |
| **INDIANA** | Population : 5 803 000 * Capitale : Indianapolis |
| **IOWA** | Population : 2 842 000 * Capitale : Des Moines |
| **KANSAS** | Population : 2 565 000 * Capitale : Topeka |
| **MICHIGAN** | Population : 9 549 000 * Capitale : Lansing |
| **MINNESOTA** | Population : 4 610 000 * Capitale : Saint Paul |
| **MISSOURI** | Population : 5 324 000 * Capitale : Jefferson City |
| **NEBRASKA** | Population : 1 637 000 * Capitale : Lincoln |
| **OHIO** | Population : 11 150 000 * Capitale : Columbus |
| **WISCONSIN** | Population : 5 123 000 * Capitale : Madison |

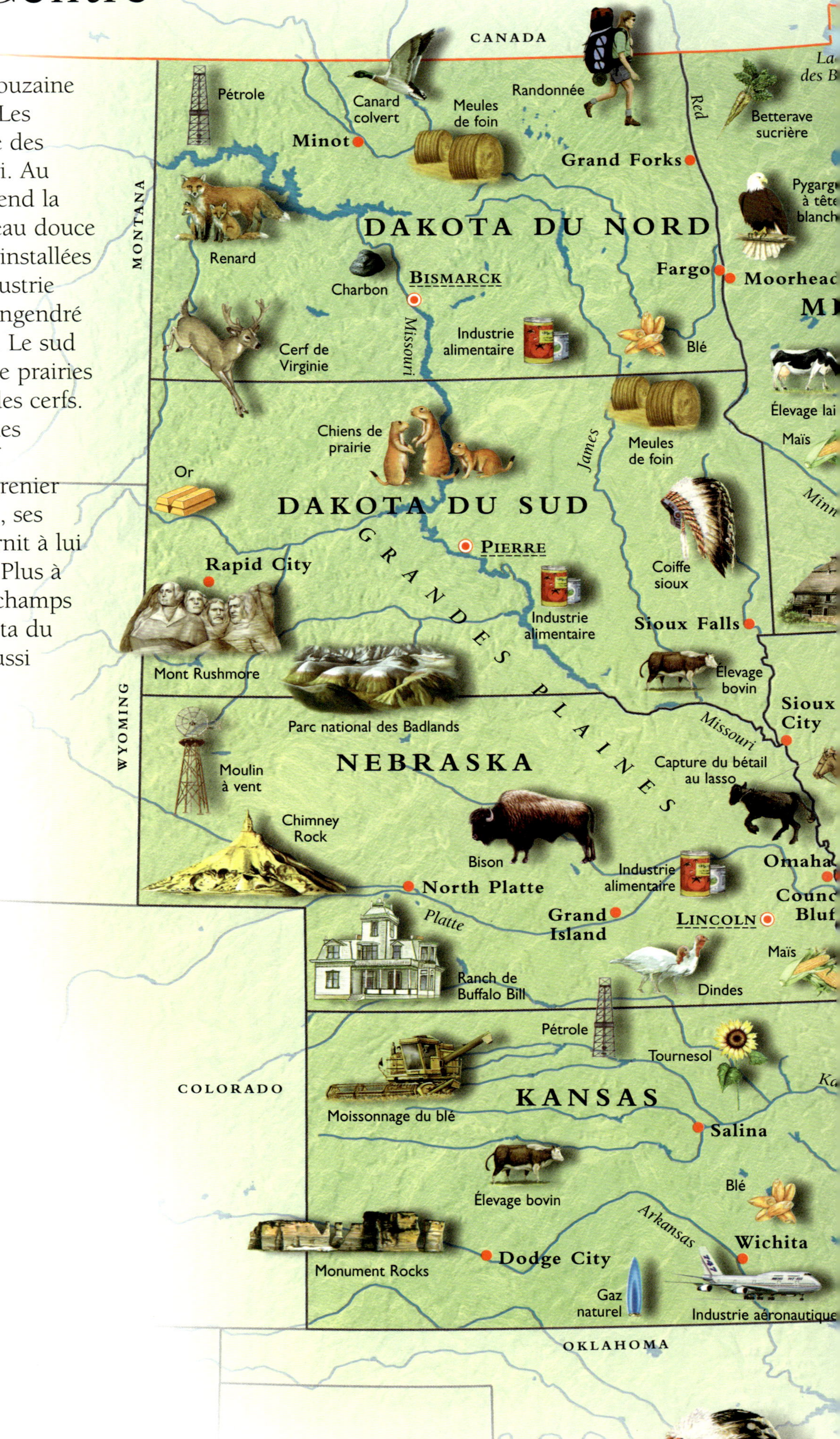

**Bison**
Avant l'arrivée des colons européens, les Grandes Plaines accueillaient quelque 25 millions de bisons. Les chasseurs en massacrèrent la plupart, de sorte qu'il n'en reste qu'environ 30 000.

**Coiffe sioux**
Les Sioux vivaient dans les Grandes Plaines du Midwest. Des coiffes imposantes comme celle-ci n'étaient portées que par les chefs.

 *Voir aussi la page 104*

## LE SAIS-TU ?

Dans la roche du mont Rushmore (Dakota du Sud), le sculpteur Gutzon Borglum tailla les visages de quatre présidents des États-Unis : Washington, Jefferson, Th. Roosevelt et Lincoln. Chaque sculpture mesure 18 m de haut !

**LA MAISON NATALE DE MARK TWAIN**
C'est ici, dans cette modeste maison en bois, qu'est né en 1835 le futur auteur des *Aventures de Tom Sawyer* et des *Aventures de Huckleberry Finn*.

**LE FOOTBALL AMÉRICAIN**
Après l'émergence de ce sport au XIX$^{e}$ siècle, la première association professionnelle de football américain vit le jour en 1920, à Canton, dans l'Ohio.

# États-Unis : l'Ouest

La masse formidable des Rocheuses dresse une barrière entre les Grandes Plaines du Midwest et l'Ouest américain. Entre les pics et les vallées de ce massif spectaculaire, les chèvres des Rocheuses bondissent dans les neiges et les élans hantent les abords des torrents. Il n'y a que peu d'agriculture ici, mais davantage d'élevage, sans oublier les ressources minières et énergétiques (houille, uranium...). Le plateau du Colorado est riche de paysages particulièrement saisissants, au premier rang desquels brille le fameux Grand Canyon. Les États de Washington, de l'Oregon et de l'Idaho sont regroupés sous l'appellation Pacific Northwest. Les contreforts des Rocheuses accueillent des forêts magnifiques (qui fournissent 40 % du bois des États-Unis). Le plus grand État du littoral et de toute la région est aussi le plus peuplé et le plus célèbre de tous : la Californie. La majeure partie de sa population se concentre dans les deux grandes villes côtières que sont San Francisco et Los Angeles. Très loin au large, à plus de 3 000 km de la côte californienne, s'étend Hawaii, l'État le plus occidental. Cet archipel volcanique comprend 132 îles ; la plus grande – Hawaii – abrite deux volcans qui dépassent 4 000 m d'altitude, dont le Mauna Loa, qui est le plus grand volcan en activité du monde.

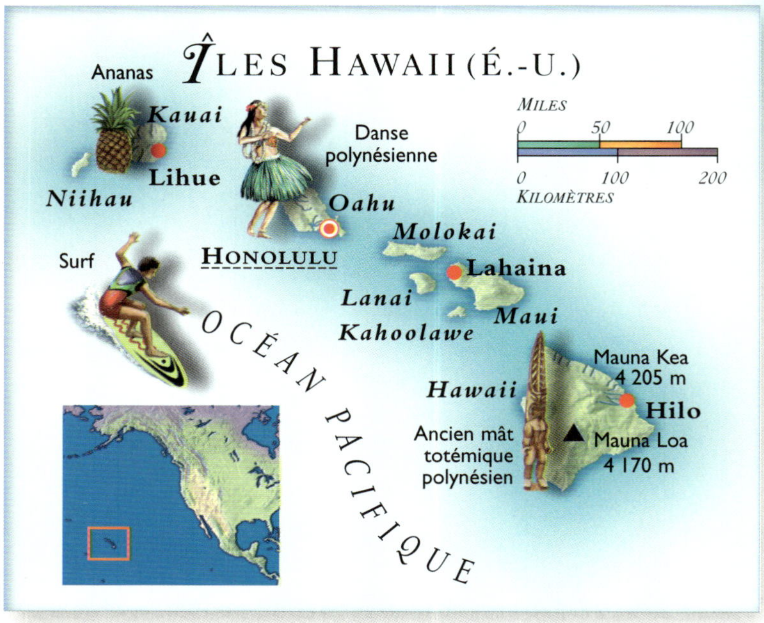

**Général Sherman**
Ce séquoia géant est l'arbre le plus colossal du monde. Aussi grand qu'un immeuble de 23 étages, il est âgé d'au moins 2 300 ans.

**ARIZONA**
Population : 4 218 000 ∗ Capitale : Phoenix

**CALIFORNIE**
Population : 31 589 000 ∗ Capitale : Sacramento

**COLORADO**
Population : 3 747 000 ∗ Capitale : Denver

**HAWAII**
Population : 1 187 000 ∗ Capitale : Honolulu

**IDAHO**
Population : 1 163 000 ∗ Capitale : Boise

**MONTANA**
Population : 870 300 ∗ Capitale : Helena

**NEVADA**
Population : 1 530 000 ∗ Capitale : Carson City

**NOUVEAU-MEXIQUE**
Population : 1 685 000 ∗ Capitale : Santa Fe

**OREGON**
Population : 3 141 000 ∗ Capitale : Salem

**UTAH**
Population : 1 951 000 ∗ Capitale : Salt Lake City

**WASHINGTON**
Population : 5 431 000 ∗ Capitale : Olympia

**WYOMING**
Population : 480 200 ∗ Capitale : Cheyenne

 Voir aussi la page 104

## IDÉE : *un pot de sable coloré*

Les Indiens Navajo et Pueblo du sud-ouest des États-Unis utilisent du sable coloré pour leurs peintures rituelles. Après la cérémonie, le sable est dispersé, les peintures effacées. Compose un pot avec du sable de différentes couleurs.

❶ Tamise le sable pour t'assurer qu'il est fin et sans impuretés. Répartis-le en tas égaux. Verse sur chaque tas quelques gouttes d'un colorant alimentaire. Mélange bien et laisse sécher quelques heures.

❷ Quand le sable est sec, verse un premier tas dans un pot en verre. En veillant à ne pas mélanger les couleurs, dispose ensuite les autres tas de sable en couches successives, jusqu'à ce que le pot soit presque plein.

❸ Glisse délicatement une baguette le long de la paroi pour créer des motifs.

❹ Enfin, remplis le pot à ras bord avec ce qui reste de sable (le contenu doit être assez serré pour ne pas bouger) et ferme le couvercle.

## LE SAIS-TU ?

Creusées par le fleuve Colorado et élargies par le vent, les gorges du Grand Canyon déroulent leur paysage spectaculaire sur 350 km de long. Tout au fond (1 600 m plus bas), les roches datent de 2 milliards d'années.

LOCALISATION

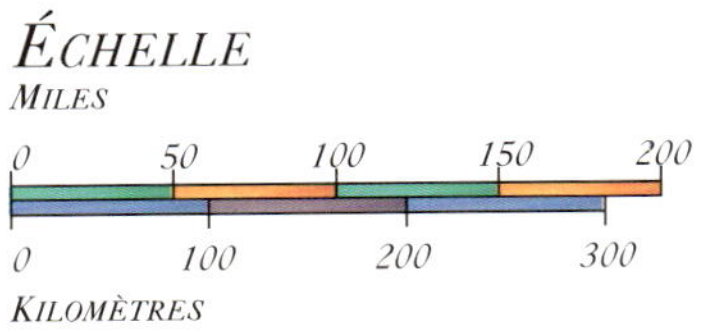

**GRAND GÉOCOUCOU**
Ce coucou du Sud-Ouest ne vole que rarement, préférant courir sur ses puissantes pattes. Il peut ainsi se déplacer à la vitesse de 32 km/h.

**LA DANSE DU BISON**
En revêtant une peau de bison, les Indiens Hopi conjurent les esprits sacrés de ces animaux de leur apporter santé et bonheur.

# Mexique, Amérique centrale et Antilles

Le Mexique et l'Amérique centrale forment un pont entre les États-Unis et l'Amérique du Sud. À son point le plus étroit, cette bande de terre ne compte que 80 km de large. C'est précisément ici qu'a été percé le canal de Panamá, qui relie les océans Atlantique et Pacifique. À lui seul, le Mexique est deux fois plus grand que ses sept voisins d'Amérique centrale réunis. Les plaines étroites de la côte est, chaudes et humides, recèlent de grandes réserves de pétrole. Les trois quarts des Mexicains vivent dans les villes et Mexico, la capitale, est l'une des cités les plus étendues et les plus peuplées du monde. Le relief de l'Amérique centrale est principalement montagneux, et une large part du territoire est couverte de forêts tropicales humides où vivent de nombreux animaux. Bien qu'une partie seulement de l'Amérique centrale soit cultivable, près de la moitié des habitants vivent en zone rurale et beaucoup tirent leur subsistance de minuscules lots de terre. À l'est s'étendent les Antilles, îles dont la plupart sont couvertes de forêts tropicales et bordées de plages de sable. Depuis les conquistadores, et pendant des siècles, toute cette partie du monde resta sous domination espagnole, de sorte que l'espagnol est la langue usuelle. Les actuels habitants de l'Amérique centrale sont les descendants des colons européens, des Africains déportés ici au temps de l'esclavage et des Amérindiens.

**ANTIGUA-ET-BARBUDA**
Population : 65 200 * Capitale : St. John's

**ÎLES BAHAMAS**
Population : 256 600 * Capitale : Nassau

**BARBADE**
Population : 256 400 * Capitale : Bridgetown

**BELIZE**
Population : 214 100 * Capitale : Belmopan

**COSTA RICA**
Population : 3 419 000 * Capitale : San José

**CUBA**
Population : 10 938 000 * Capitale : La Havane

**DOMINIQUE**
Population : 82 600 * Capitale : Roseau

**GRENADE**
Population : 94 500 * Capitale : St. George's

**GUATEMALA**
Population : 10 999 000 * Capitale : Guatemala

**HAÏTI**
Population : 6 540 000 * Capitale : Port-au-Prince

**HONDURAS**
Population : 5 460 000 * Capitale : Tegucigalpa

**JAMAÏQUE**
Population : 2 574 000 * Capitale : Kingston

**MEXIQUE**
Population : 93 986 000 * Capitale : Mexico

**NICARAGUA**
Population : 4 206 000 * Capitale : Managua

**PANAMÁ**
Population : 2 681 000 * Capitale : Panamá

**RÉPUBLIQUE DOMINICAINE**
Population : 7 511 000 * Capitale : Saint-Domingue

**SAINT-KITTS-ET-NEVIS**
Population : 41 000 * Capitale : Basseterre

**SAINT-VINCENT-ET-LES GRENADINES**
Population : 117 300 * Capitale : Kingstown

**SAINTE-LUCIE**
Population : 156 100 * Capitale : Castries

**SALVADOR**
Population : 5 870 000 * Capitale : San Salvador

**TRINITÉ-ET-TOBAGO**
Population : 1 271 000 * Capitale : Port of Spain

**Souris à sauterelles**
Cette souris est friande de sauterelles, d'où son nom. On l'appelle aussi souris chantante, car elle pousse un cri pour avertir les autres souris de ne pas s'approcher de son territoire.

 *Voir aussi les pages 104–105*

## • LE SAIS-TU ? •

Le cactus saguaro ne pousse que dans les déserts du nord-ouest du Mexique et du sud-ouest des États-Unis… avec une lenteur rare : il lui faut 25 ans pour atteindre 30 cm ! Mais il peut vivre 200 ans et devenir aussi haut qu'une tour de quatre étages. Comme les autres cactus, il survit grâce à l'eau contenue dans sa tige. Un grand saguaro renferme assez d'eau pour remplir 100 baignoires !

## • IDÉE : *fabriquer une* piñata *mexicaine* •

La *piñata* est un pot surprise en papier mâché, en forme d'étoile ou d'animal, rempli de friandises et de jouets. Au Mexique, comme dans toute l'Amérique centrale, pas de fête populaire sans *piñatas !* Les enfants les suspendent au plafond ou à une branche d'arbre et essaient de les casser pour libérer leur trésor. Voici comment fabriquer ta propre *piñata*.

❶ Gonfle un ballon et recouvre-le de bandes de papier journal trempées dans de la colle ou dans un mélange d'eau et de farine. Laisse sécher, puis renouvelle deux fois l'opération.

❷ Quand le papier a fini de sécher, découpe une ouverture sur le dessus et remplis ta boule de bonbons. Referme-la avec du papier mâché.

❸ Fabrique des branches d'étoile en carton comme ci-dessous. Fixe-les sur la boule à l'aide de ruban adhésif. Décore ton étoile avec de la peinture et des papiers de couleur.

❹ Perce deux petits trous rapprochés sur le dessus de la *piñata ;* passes-y une ficelle. Suspends ta *piñata* et essaie avec tes amis de la casser avec un bâton.

**LE TEMPLE DES MASQUES, À TIKAL**
Tikal fut jadis la plus grande cité maya du Guatemala. Mystérieusement abandonnée vers l'an 900, elle est aujourd'hui envahie par la forêt vierge.

# Amérique du Sud

DE SES PLAGES TROPICALES DU NORD aux fjords et aux glaciers de sa côte sud, l'Amérique du Sud se déploie sur 7 240 km et se termine par le cap Horn, à 1 000 km de l'Antarctique. Le relief andin court tout au long de la côte occidentale, formant ainsi la plus longue chaîne montagneuse du globe. Au nord, l'Amazone (le deuxième plus long fleuve du monde) serpente des Andes à l'océan Atlantique, à travers la plus grande forêt tropicale de la planète, qui couvrait il y a peu un bon tiers de l'Amérique du Sud. Plus bas, la forêt vierge cède la place aux vastes prairies du Gran Chaco et à l'immensité de la Pampa. La pointe sud est un plateau aride et venteux : la Patagonie. Les Sud-Américains comprennent des Amérindiens et des populations d'origine européenne ou africaine. L'espagnol est la langue la plus parlée, sauf au Brésil, où le portugais s'est imposé.

## PRINCIPAUX SOMMETS ET FLEUVES

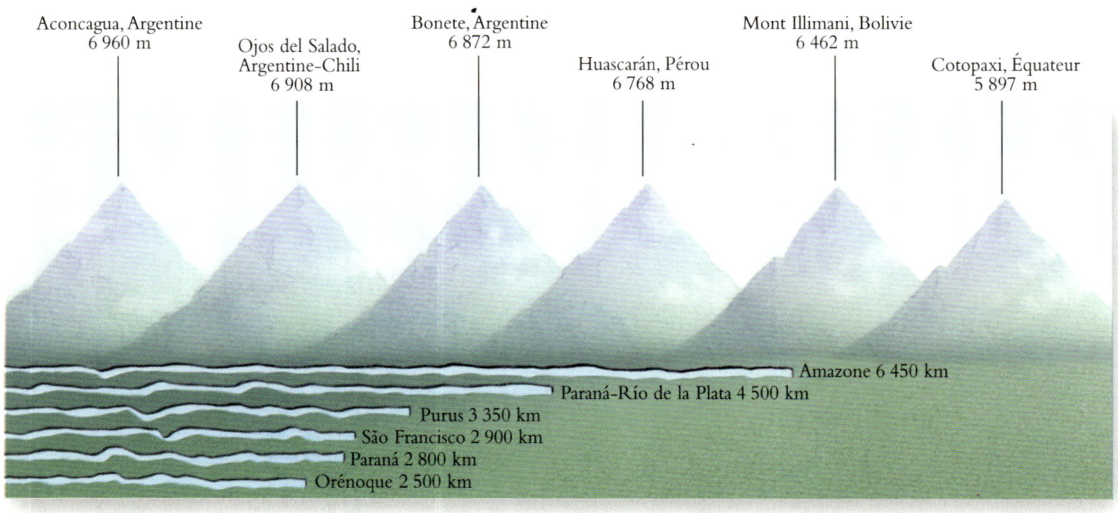


## CARTE POLITIQUE

## LE CONTINENT

**Superficie :** 17 818 505 km²
**Population :** 319 153 000 habitants
**États indépendants :** Argentine, Bolivie, Brésil, Chili, Colombie, Équateur, Guyana, Paraguay, Pérou, Surinam, Uruguay, Venezuela

## RECORDS DU MONDE

**PLUS LONGUE CHAÎNE MONTAGNEUSE**
La cordillère des Andes, côte occidentale de l'Amérique du Sud : 7 600 km

**RÉGION LA PLUS SÈCHE**
Le désert d'Atacama, nord du Chili : moins de 0,1 mm de pluies par an

**PLUS HAUTE CASCADE**
Le Salto del Angel, Venezuela : 979 m de hauteur (dont 800 m en chute libre)

**CAPITALE LA PLUS HAUTE**
La Paz, Bolivie : 3 631 m d'altitude

**PLUS HAUT LAC NAVIGABLE**
Le lac Titicaca, Pérou-Bolivie : 3 810 m d'altitude

**FLEUVE AU PLUS FORT DÉBIT**
L'Amazone, Pérou-Brésil : 200 000 m³ d'eau par seconde à l'embouchure de l'Atlantique

**PLUS GRAND BASSIN FLUVIAL**
Le bassin de l'Amazone, nord de l'Amérique du Sud : 7 045 000 km²

**PLUS GRANDE LAGUNE**
La lagune dos Patos, Brésil : 9 850 km²

## RECORDS DU CONTINENT

**PLUS HAUT SOMMET**
L'Aconcagua, Argentine : 6 960 m

**POINT LE PLUS BAS**
La péninsule Valdés, Argentine : 40 m en dessous du niveau de la mer

**PLUS GRAND LAC**
Le lac Titicaca, Pérou-Bolivie : 8 288 km²

**PLUS LONG FLEUVE**
L'Amazone, Pérou-Brésil : 6 450 km

**ÉTAT LE PLUS VASTE**
Le Brésil : 8 506 663 km²

**ÉTAT LE PLUS PEUPLÉ**
Le Brésil : 160 737 000 habitants

**AGGLOMÉRATION LA PLUS PEUPLÉE**
São Paulo, Brésil : 16 400 000 habitants

### ◆ LE SAIS-TU ? ◆

Le désert d'Atacama, dans le nord du Chili, est le lieu le plus sec du monde. Il y pleut une ou deux fois par siècle et, à certains endroits, on n'a jamais vu une goutte de pluie !

## Carte physique

# Amérique du Sud : le Nord

La majeure partie du nord de l'Amérique du Sud est parcourue par l'Amazone et ses 200 affluents. Ces voies navigables traversent la plus grande forêt tropicale humide du globe, dont la flore et la faune sont prodigieusement diversifiées. Malheureusement, la déforestation avance à grands pas (à chaque minute, l'équivalent de cinq terrains de football est anéanti !) et menace des milliers d'animaux et d'espèces végétales. Le Brésil occupe près de la moitié de l'Amérique du Sud. Ce pays gigantesque dispose de nombreuses ressources (fer, pétrole, or...), et c'est l'un des premiers producteurs mondiaux de café, de bananes et de canne à sucre. Au nord-ouest du Brésil se trouve le Venezuela, premier producteur de pétrole d'Amérique du Sud. En bordure du Pacifique, la cordillère des Andes descend du Venezuela pour traverser la Colombie, l'Équateur et le Pérou. Dans la partie nord de cette longue barrière montagneuse (7 500 km jusqu'à la Terre de Feu), le climat humide permet de cultiver le café et les bananes. Plus au sud, le climat est très sec. Les fermiers péruviens font pousser des pommes de terre et du blé sur les hauteurs en utilisant des lamas et des alpagas comme bêtes de somme. À 1 000 km au large de l'Équateur s'étendent les îles Galápagos. Cet archipel volcanique est connu pour sa faune extraordinaire, notamment des tortues géantes et des iguanes marins.

**BRÉSIL**
Population : 160 737 000 * Capitale : Brasília

**COLOMBIE**
Population : 36 200 000 * Capitale : Bogotá

**ÉQUATEUR**
Population : 10 891 000 * Capitale : Quito

**GUYANA**
Population : 723 800 * Capitale : Georgetown

**PÉROU**
Population : 24 087 000 * Capitale : Lima

**SURINAM**
Population : 429 500 * Capitale : Paramaribo

**VENEZUELA**
Population : 21 005 000 * Capitale : Caracas

**Dendrobate-fraise**
La peau écarlate de cette minuscule grenouille contient un poison toxique que les Indiens utilisent pour empoisonner leurs flèches.

**Machu Picchu**
Cette cité juchée au sommet d'une montagne péruvienne fut construite par les Incas, un peuple précolombien qui connut son apogée au XVe siècle.

 *Voir aussi la page 106*

## LE SAIS-TU ?

La faune du bassin de l'Amazone est la plus riche de la planète. Au moins 1 000 espèces d'oiseaux vivent dans la forêt tropicale, et plus de 3 000 espèces de poissons peuplent les rivières... Un seul arbre peut abriter quelque 400 animaux !

**INDIEN KAYAPÓ**
La tribu des Kayapó, établie au nord-est du Brésil, est réputée pour ses coiffures très élaborées, à base de plumes d'ara.

 Voir aussi la page 106

# Amérique du Sud : le Sud

Le sud de l'Amérique du Sud a la forme d'un long cône se terminant en pointe à la Terre de Feu. Les Andes couvrent la partie occidentale de la région, séparant le Chili de ses voisins. Vingt fois plus long que large, le Chili connaît des climats et des paysages variés. Très peu peuplé, le sud de ce pays est pluvieux et froid avec des fjords sur la côte et des glaciers sur les hauteurs. Dans le Centre, les étés sont chauds et les hivers doux ; les terres sont consacrées à l'agriculture et à l'élevage. Très aride, le Nord accueille le désert d'Atacama, la région la plus sèche du globe. La Bolivie est l'un des pays les plus pauvres d'Amérique latine, sans débouché sur la mer, comme le Paraguay. De vastes prairies s'étendent du sud-est de la Bolivie au Paraguay, à l'Uruguay et jusqu'au nord de l'Argentine. Plus au sud, à l'est de la grande muraille des Andes, la pampa argentine est le domaine de ranchs immenses où travaillent les gauchos (gardiens de troupeaux). Deuxième plus grand pays d'Amérique du Sud, l'Argentine compte 80 millions de bovins et d'ovins ; la production de viande de bœuf reste très importante pour l'économie du pays. La capitale, Buenos Aires, rassemble près du tiers des Argentins. La région aride et venteuse de la Patagonie est peu peuplée, mais elle est riche en ressources naturelles. Tout au sud, la Terre de Feu marque la fin du continent sud-américain. Cet archipel montagneux humide et très peu peuplé se partage entre le Chili et l'Argentine. Les eaux qui l'entourent sont souvent démontées : de nombreux naufrages s'y sont produits.

**ARGENTINE**
Population : 34 293 000 * Capitale : Buenos Aires

**BOLIVIE**
Population : 7 896 000 * Capitales : La Paz, Sucre

**CHILI**
Population : 14 161 000 * Capitale : Santiago

**PARAGUAY**
Population : 5 358 000 * Capitale : Asunción

**URUGUAY**
Population : 3 223 000 * Capitale : Montevideo

## • Idée : sculpter un moai •

L'île de Pâques est célèbre pour ses mystérieuses statues de pierre (*moai*) dont certaines mesurent près de 10 m de haut ! Ceux qui les ont taillées voulaient sans doute honorer leurs ancêtres. Voici comment sculpter ton *moai*.

❶ Prépare un mélange à parts égales de plâtre et de vermiculite (disponibles en quincaillerie). Remue en ajoutant assez d'eau pour obtenir une pâte épaisse. Verse-la dans une boîte à chaussures.

❷ Quand la pâte a durci, détaches-en le carton. Sculpte ton *moai* à l'aide d'un couteau.

❸ Tu peux aussi tailler ta statuette dans un bloc de pâte à modeler ou de plâtre de moulage.

**Le lama**
Animal domestique courant en Amérique du Sud, le lama appartient à la famille des camélidés, comme le chameau. On l'élève pour sa laine et pour porter des chargements dans la cordillère des Andes.

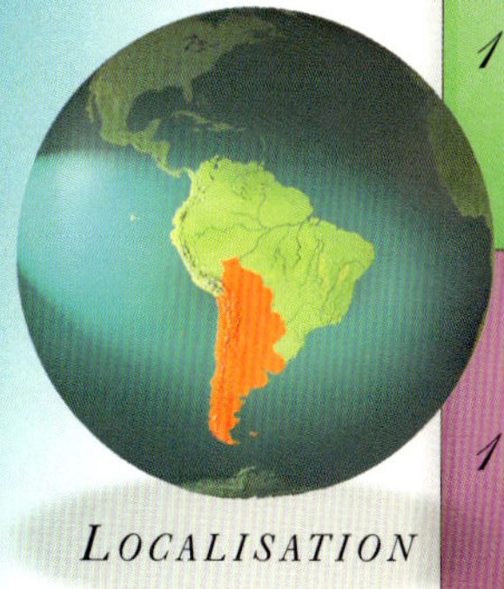


# LE SAIS-TU ?

Sur les pentes des Andes boliviennes, et nulle part ailleurs, vit le puya raimondi. Cette herbacée est la plus haute que l'on connaisse (jusqu'à 11 m), et aussi celle qui fleurit le plus tardivement (au bout de 80 à 150 ans). Mais c'est alors un feu d'artifice : un puya peut porter jusqu'à 8 000 fleurs blanches !

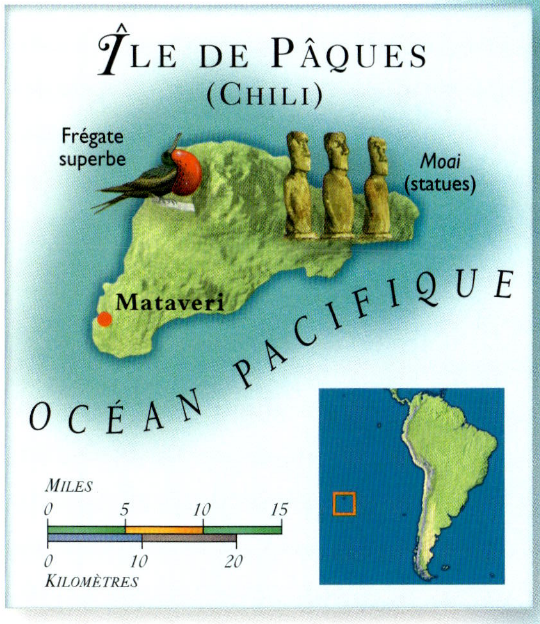

**Danseurs de tango**
Le tango est à la fois une musique et une danse. Le rythme est assez lent, langoureux, entrecoupé de mouvements nerveux. Argentin à l'origine, le tango a conquis le monde entier.

**Costume bolivien**
Les Amérindiens forment la moitié de la population bolivienne. Beaucoup portent encore le costume traditionnel : poncho rayé, châle et chapeau melon.

# Europe

Prolongement occidental de l'Asie, le continent européen est petit mais densément peuplé et morcelé en de nombreux États à l'identité culturelle marquée. Délimité au nord et à l'ouest par les océans Arctique et Atlantique, au sud par la Méditerranée, il est séparé de l'Asie par les monts Oural. Parcouru d'arcs montagneux élevés orientés est-ouest (Pyrénées, Alpes, Carpates), le sud du continent présente un relief vigoureux et compartimenté, aux étés chauds et secs, aux hivers doux et humides. Quant au Nord, il est occupé par une plaine qui s'étend de l'Atlantique à l'Oural. À proximité des côtes, le climat est doux et humide, mais devient plus rude et contrasté à l'intérieur du continent. Jadis presque entièrement recouvert par des forêts, le continent a été défriché par l'homme pour construire des villes, des industries, des voies de communication et pour cultiver le sol.

## Le continent

**Superficie :** 10 354 636 km²
(Russie d'Europe incluse)
**Population :** 693 950 000 habitants
(Russie d'Europe incluse)
**États indépendants :** Albanie, Allemagne, Andorre, Autriche, Belgique, Biélorussie, Bosnie-Herzégovine, Bulgarie, Croatie, Danemark, Espagne, Estonie, Finlande, France, Grèce, Hongrie, Irlande, Islande, Lettonie, Liechtenstein, Lituanie, Luxembourg, Macédoine, Malte, Moldavie, Monaco, Norvège, Pays-Bas, Pologne, Portugal, République tchèque, Roumanie, Royaume-Uni, Russie, Saint-Marin, Slovaquie, Slovénie, Suède, Suisse, Vatican, Yougoslavie (Serbie)

## Records du monde

**PLUS PETIT ÉTAT**
La cité du Vatican : 0,44 km²

**PLUS GRANDE STALAGMITE**
Grotte de Krásnohorská, Slovaquie : 32 m

## Records du continent

**PLUS HAUT SOMMET**
Le mont Elbrouz, Russie : 5 642 m

**POINT LE PLUS BAS**
Le delta de la Volga : 28 m en dessous du niveau de la mer

**PLUS GRAND LAC**
Le lac Ladoga, Russie : 17 703 km²

**PLUS LONG FLEUVE**
La Volga, Russie : 3 700 km

**ÉTAT LE PLUS VASTE**
La Russie d'Europe : 603 701 km²

**ÉTAT LE PLUS PEUPLÉ**
La Russie d'Europe : 109 909 000 habitants

**AGGLOMÉRATION LA PLUS PEUPLÉE**
Paris, France : 9 500 000 habitants

## Principaux sommets et fleuves

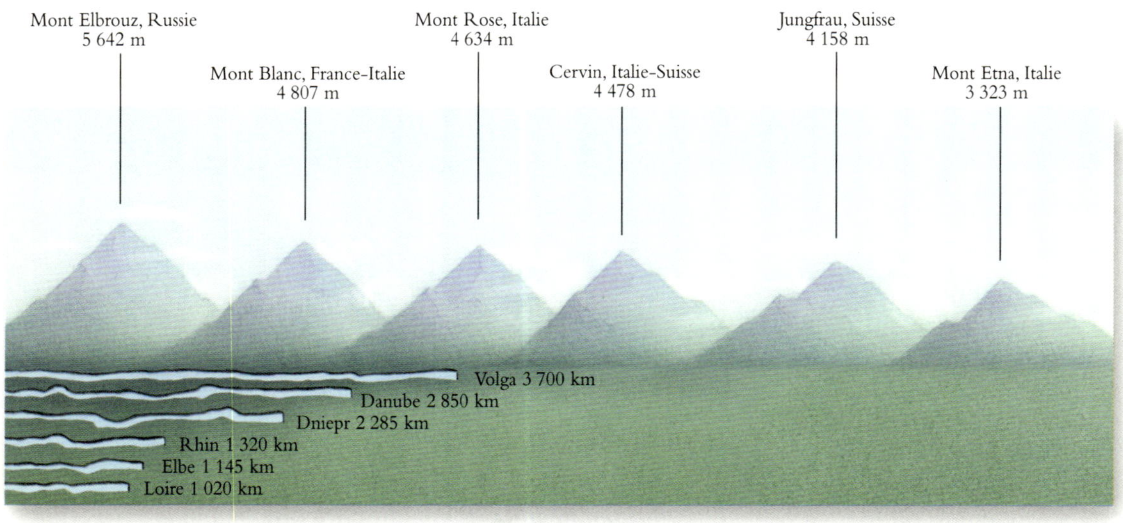


## Carte politique

### Légende
### pour les petits États

- ■ 1 LIECHTENSTEIN
- ■ 2 ANDORRE
- ■ 3 MONACO
- ■ 4 SAINT-MARIN
- ■ 5 CITÉ DU VATICAN

## Carte physique

 Voir aussi la page 107

# Royaume-Uni et république d'Irlande

Les îles Britanniques comprennent deux États : le Royaume-Uni et la république d'Irlande. Le premier est formé de l'Angleterre, de l'Écosse et du pays de Galles (Grande-Bretagne) et de l'Irlande du Nord (Ulster). La république d'Irlande occupe le reste de l'Irlande (85 % de l'île). Bien que dirigés par le gouvernement installé à Londres, l'Écosse et le pays de Galles possèdent chacun leur propre parlement. L'Écosse a également conservé son système scolaire et judiciaire, sa religion et sa monnaie. L'Angleterre est la partie la plus peuplée du Royaume-Uni. Importante place financière et commerciale internationale, la capitale, Londres, compte près de 8 millions d'habitants. Région de plaines et de bas plateaux fertiles, le Sud-Est fournit l'essentiel des récoltes du Royaume-Uni. Les grands centres industriels, eux, sont localisés au centre de l'île (les Midlands) et autour des gisements de charbon de la chaîne Pennine. Les régions montagneuses et humides du Nord et du Sud-Ouest sont le domaine des pâturages. Sur les hautes terres d'Écosse, aux sols médiocres et faiblement peuplées, les troupeaux de bœufs et de moutons paissent librement toute l'année. Quant à l'Irlande, elle est constituée d'une plaine centrale verdoyante entourée de bandes montagneuses côtières peu élevées. La plupart des industries sont localisées à Dublin, la capitale, et à Cork.

**RÉPUBLIQUE D'IRLANDE**
Population : 3 550 000 * Capitale : Dublin

**ROYAUME-UNI**
Population : 58 295 000 * Capitale : Londres

**ANGLETERRE**
Population : 48 620 000 * Capitale : Londres

**ÉCOSSE**
Population : 5 130 000 * Capitale : Édimbourg

**IRLANDE DU NORD (ULSTER)**
Population : 1 640 000 * Capitale : Belfast

**PAYS DE GALLES**
Population : 2 905 000 * Capitale : Cardiff

## Le sais-tu ?

Au XIXe siècle, le village gallois de Llanfairpwllgwyngyll fut rebaptisé en Llanfairpwllgwyngyllgogerychwyrn-drobwllllantysiliogogogoch pour amuser les touristes anglais de passage. Son nom signifie « L'église Sainte-Marie située près d'un groupe de noisetiers non loin d'un rapide tourbillon d'eau et de la grotte rouge proche de l'église Saint-Tysilio ». La gare locale conserve ce nom de 58 lettres ; celui du village a été abrégé en 1988 en Llanfair-P.G.

## Cherche

- Quel célèbre pont de chemin de fer fut construit près de la capitale de l'Écosse ?
- Cite un sport pratiqué en Irlande.
- Quel est l'animal le plus connu des îles Shetland ?

**Le château de Blarney**
Selon une légende, ceux qui embrassent une pierre magique située dans le donjon de ce château deviennent immédiatement éloquents.

**Stonehenge**
Datant du IIIe millénaire av. J.-C., cet ensemble de menhirs disposés en cercles concentriques garde encore tout son mystère.

# Espagne et Portugal

Située à l'extrémité sud-ouest de l'Europe, la péninsule Ibérique est divisée en deux États : l'Espagne et le Portugal. La barrière des Pyrénées, où l'on trouve la minuscule principauté d'Andorre, a longtemps isolé ces deux pays du reste du continent. La partie centrale de la péninsule est occupée par les hauts plateaux vallonnés de la Meseta, couverts de prairies, d'oliveraies et de bois. Au centre du plateau, à 646 m d'altitude, se dresse Madrid, la capitale espagnole. Deuxième ville d'Espagne, Barcelone se situe au nord-est, dans la plaine étroite qui forme la côte méditerranéenne. Les nombreuses plages de ce littoral et des îles Baléares, ainsi que le climat méditerranéen (étés chauds et ensoleillés, hivers doux) ont favorisé le développement d'un important tourisme balnéaire. Séparée de l'Afrique par un détroit de 15 km de large, l'Espagne a été en partie occupée par les Maures venus d'Afrique du Nord, du VIII$^{e}$ au XV$^{e}$ siècle. Elle a conservé de nombreux monuments de cette période (à Grenade, à Séville, à Cordoue...). L'ouest de l'Espagne est bordé par le Portugal. Jadis centre d'un vaste empire maritime, ce pays est aujourd'hui l'un des plus pauvres de l'Europe occidentale. Oliviers et chênes-lièges couvrent les plaines sèches du Sud, tandis que la vigne est cultivée le long des vallées du Nord. Le vin le plus célèbre est le porto, exporté à partir du port de Porto, qui a donné son nom au Portugal.

**ANDORRE**
Population : 65 800 * Capitale : Andorre-la-Vieille

**ESPAGNE**
Population : 39 404 000 * Capitale : Madrid

**PORTUGAL**
Population : 10 562 000 * Capitale : Lisbonne

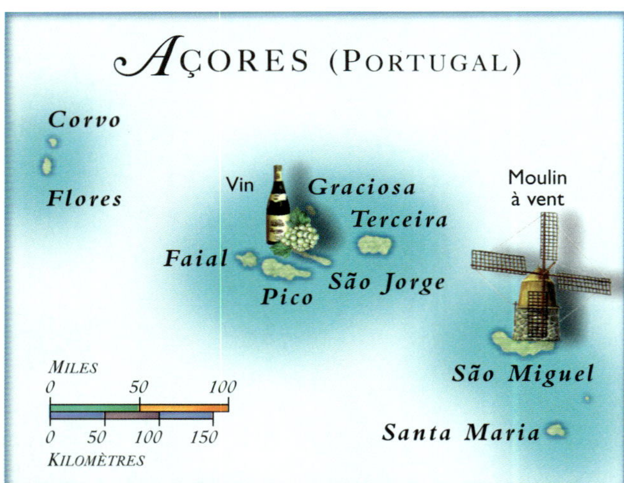


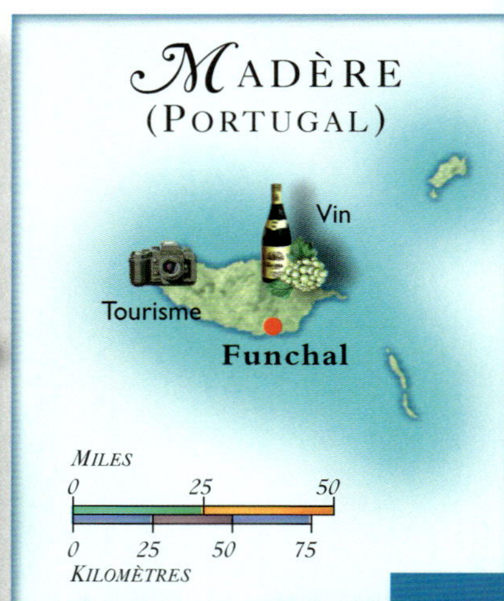


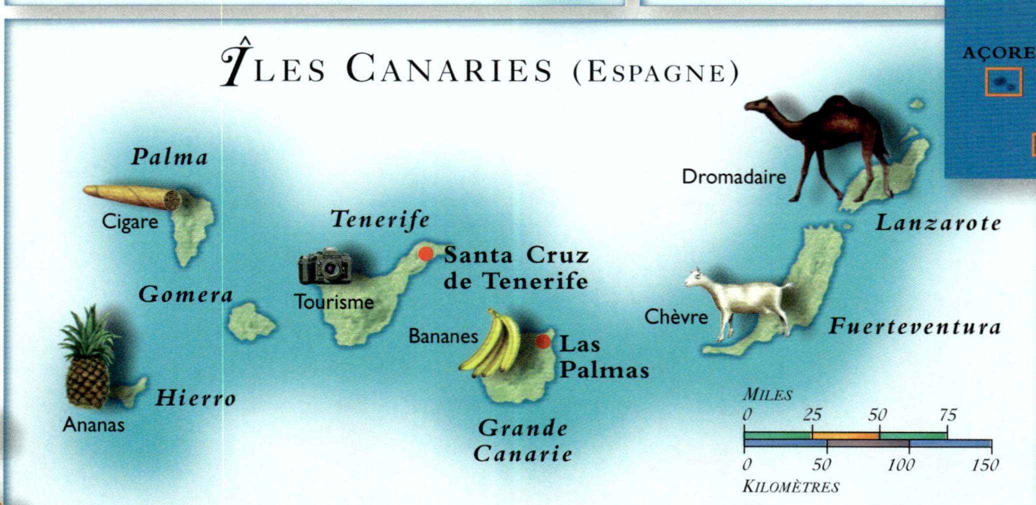

**Danseuse de flamenco**
Le flamenco est un style de musique et de danse créé par les Gitans du sud de l'Espagne. Les danseurs sont accompagnés par des chanteurs et des guitaristes.

 *Voir aussi la page 107*

## LE SAIS-TU ?

Les deux tiers de la production mondiale de liège viennent de l'Espagne et du Portugal. Le liège, obtenu à partir de l'écorce du chêne-liège, sert à fabriquer des bouchons, des flotteurs...

**L'ÉGLISE DE LA SAINTE-FAMILLE**
Hautes de 110 m, les flèches de cette église de Barcelone, conçue par l'architecte Gaudí, sont couvertes de coquillages et de céramiques. Commencée en 1884, sa construction n'est toujours pas achevée.

# France

PLUS VASTE ÉTAT D'EUROPE (Russie exclue), la France offre une grande variété de paysages et de climats. À l'ouest d'une diagonale Biarritz-Luxembourg, le relief est peu élevé, le climat est doux et humide. À l'est, les reliefs sont plus hauts et les climats plus contrastés. 75 % de la population vit dans les villes. L'Île-de-France, où se trouve Paris, regroupe 18 % de la population sur à peine 2 % de la superficie du pays ; c'est également la première région industrielle.
Une grande partie du territoire est consacrée à l'agriculture ; la France est d'ailleurs le premier producteur agricole de la Communauté européenne. Céréales et betteraves sucrières dominent dans les riches plaines du Nord-Ouest, traversées par la Loire, la Seine et leurs affluents. Plus au sud et à l'est du pays, certains vignobles sont de réputation mondiale : la France est le deuxième producteur mondial de vin derrière l'Italie. De hautes chaînes de montagnes aux sommets enneigés délimitent les frontières avec l'Espagne au sud (Pyrénées) et l'Italie au sud-est (Alpes). Domaine des aigles, des chamois et des marmottes, elles accueillent également de nombreux skieurs. Vacanciers et touristes fréquentent chaque été plages et criques des stations balnéaires aménagées le long des côtes méditerranéennes et bretonnes. Proche de la frontière italienne, la principauté de Monaco, plus petit État du monde après le Vatican, est célèbre pour son casino et sa course de formule 1.

**FRANCE**
POPULATION : 58 109 000 * CAPITALE : PARIS

**MONACO**
POPULATION : 31 500 * CAPITALE : MONACO

## LE SAIS-TU ?

La France est aujourd'hui reliée à la Grande-Bretagne par un tunnel ferroviaire creusé sous la Manche. Sa construction a duré 7 ans et comprend deux tunnels séparés. La traversée en train dure 35 minutes. On peut ainsi se rendre de Paris à Londres en 3 heures environ.

**LE JEU DE BOULES**
Le jeu de boules, ou pétanque, est très populaire en France. Il se joue avec des boules en métal sur une surface plane de terre.

**LA TOUR EIFFEL**
Jadis plus haute tour du monde, la tour Eiffel a été construite à Paris à l'occasion de l'Exposition universelle de 1889, par l'ingénieur Alexandre-Gustave Eiffel.

## ◆ IDÉE : *une peinture rupestre* ◆

Les peintures de Lascaux datent de 15 000 av. J.-C. Tu peux créer une œuvre qui aura l'air aussi ancienne.

1. Remplis un sac en papier de journaux froissés, puis agrafe-le.
2. Mélange du sable et de la colle ; enduis-en entièrement le sac. Laisse sécher.
3. Rassemble quelques échantillons de terre de différentes couleurs. Tamise-les séparément, puis mélange-les avec de la colle et ajoute un peu d'eau si ton mélange est trop épais. Tu obtiens ainsi des colorants naturels, identiques à ceux utilisés par les artistes de la préhistoire. Tu peux maintenant dessiner des animaux sur ta « roche ».

## ◆ CHERCHE ◆

- Quelle cathédrale se dresse au sud-ouest de Paris ?
- Quel animal à cornes trouve-t-on dans les Pyrénées ?
- Quelle est la spécialité de la ville de Dijon ?
- Quelle principauté trouve-t-on à l'est de Nice ?

LOCALISATION

**LE TOUR DE FRANCE**
Événement sportif le plus célèbre de France, cette course cycliste par étapes a été créée en 1903. Elle fait le tour du pays, soit 4 000 km environ.

 Voir aussi la page 107

# Benelux

États parmi les plus densément peuplés d'Europe, les Pays-Bas (ou Hollande), la Belgique et le Luxembourg sont avant tout des pays de plaines et de plateaux. Un tiers des terres situées à l'ouest se trouvent en dessous du niveau de la mer. Elles ont été patiemment conquises au cours des siècles par les hommes, qui ont dressé des digues, creusé des canaux de drainage et asséché les étendues marines, créant des polders. Jalonnés de moulins à vent, des centaines de canaux sont empruntés par des barges à moteur qui desservent exploitations agricoles et champs de tulipes. Les Pays-Bas et la Belgique sont les deux principaux exportateurs mondiaux de fleurs et d'oignons de tulipe. Amsterdam, la capitale des Pays-Bas, possède plus de 150 canaux, bordés de hautes et étroites maisons de brique datant du XVIIe siècle. En Belgique, des canaux parmi les mieux équipés du globe facilitent les liaisons entre les régions. La capitale, Bruxelles, est également l'une des capitales de l'Union européenne. Vers l'est se dressent les hauts plateaux boisés des Ardennes, qui englobent la partie nord du Luxembourg. Le Sud, moins élevé, regroupe l'essentiel de la population de ce duché, l'un des plus petits États d'Europe. Sa capitale (Luxembourg) compte néanmoins parmi les principaux centres financiers du monde.

**BELGIQUE**
Population : 10 082 000 * Capitale : Bruxelles

**LUXEMBOURG**
Population : 404 700 * Capitale : Luxembourg

**PAYS-BAS**
Population : 15 453 000 * Capitales : Amsterdam, La Haye

**L'Atomium**
L'Atomium représente une molécule de fer. C'est un des rares vestiges de l'Exposition universelle qui eut lieu à Bruxelles, en 1958.

## ◆ Le sais-tu ? ◆

Le Benelux compte à lui seul plus de 8 000 km de canaux pour le transport des marchandises et le drainage des champs. Dans les régions au-dessous du niveau de la mer et protégées par des digues, l'eau est pompée et refoulée dans des canaux édifiés au-dessus des champs. Tu peux ainsi voir des bateaux passer au-dessus de ta tête !

**SABOTS**
Portées par les fermiers hollandais, ces chaussures de bois sont appelées localement *klompen*. Elles préservent les pieds de l'humidité des champs.

## ◆ *IDÉE : fabriquer un moulin à vent* ◆

Au Moyen Âge, la partie occidentale des Pays-Bas était encore largement occupée par la mer. Les moulins à vent permirent aux habitants à la fois d'assécher les terres pour leurs cultures et de moudre le blé. Le principe était le suivant : le vent faisait tourner les ailes du moulin qui, grâce à un système d'axes et de roues dentées, actionnaient des meules et une roue à godets.

Tu peux fabriquer un moulin à vent en papier, puis l'actionner en soufflant dessus.

❶ Découpe un carré de 19 x 19 cm dans un morceau de papier. Dessines-y un X. À l'aide d'une grosse pièce de monnaie ou d'un compas, trace un cercle au centre de la feuille.

❷ Découpe les diagonales jusqu'au bord du cercle. Rabats 4 pointes à l'intérieur du cercle sans faire de pliure.

❸ Fixe les pointes avec une punaise. Enfonce le bout de punaise qui dépasse dans la gomme d'un crayon gomme. Tiens le moulin par l'extrémité du crayon et souffle dessus.

**LE MARCHÉ AUX FROMAGES D'ALKMAAR (PAYS-BAS)**
À Alkmaar, tous les vendredis, durant l'été, les fromages d'Edam ou de Gouda sont transportés jusqu'au marché sur des brancards en bois.

 Voir aussi les pages 107–108

# Europe : le Centre-Ouest

Divisée en deux États distincts (République fédérale d'Allemagne, RFA, et République démocratique allemande, RDA) au lendemain de la Seconde Guerre mondiale, l'Allemagne est réunifiée depuis 1990. Avec 81 millions d'habitants, c'est aujourd'hui le pays le plus peuplé d'Europe, Russie exceptée. Le Rhin, voie de communication essentielle du pays, relie la vallée de la Ruhr, cœur industriel du pays, à Rotterdam (Pays-Bas), premier port mondial, et à Bâle, en Suisse. Au nord, le fleuve encaissé traverse un massif ancien, boisé et de hauteur modeste. Les versants de la vallée sont jalonnés de vignobles réputés et de châteaux médiévaux. Le sud de l'Allemagne est dominé par le rebord du massif alpin, qui occupe les deux tiers de la superficie de la Suisse et de l'Autriche. Les vaches paissent dans les prairies en été, tandis que les skieurs dévalent les pentes en hiver. Routes et voies ferrées empruntant des vallées encaissées facilitent la traversée du massif grâce à de nombreux cols et tunnels. Grâce à ses banques qui attirent d'importants capitaux étrangers, la Suisse est un pôle financier international majeur. En Autriche, les activités agricoles et industrielles se concentrent en grande partie dans les régions basses du Nord-Est, traversées par la vallée du Danube. Deuxième fleuve d'Europe, le Danube traverse Vienne, la capitale autrichienne, qui regroupe à elle seule 20 % de la population du pays.

**ALLEMAGNE**
Population : 81 338 000 * Capitale : Berlin

**AUTRICHE**
Population : 7 987 000 * Capitale : Vienne

**LIECHTENSTEIN**
Population : 30 700 * Capitale : Vaduz

**SUISSE**
Population : 7 085 000 * Capitale : Berne

## Idée : une fondue suisse au chocolat

Les Suisses sont à l'origine de la fondue, mélange de fromage fondu (gruyère) et de vin blanc, dans lequel on trempe des morceaux de pain. Celle que tu vas préparer est à base de chocolat !

1. Mets 250 g de chocolat en morceaux et 25 cl de crème fraîche dans une casserole.
2. Chauffe le tout sous la surveillance d'un adulte. Une fois le chocolat fondu, bats le mélange avec une cuillère jusqu'à ce qu'il devienne brillant.
3. Laisse refroidir le tout quelques instants. Pique ensuite un morceau de fruit et plonge-le dans la fondue. Quel régal !

## Le sais-tu ?

La principauté du Liechtenstein compte seulement 30 700 habitants et fait 6 km de large. On peut donc la traverser à pied en moins de deux heures ! Elle est dirigée par un prince héréditaire résidant dans un château, à Vaduz, la capitale.

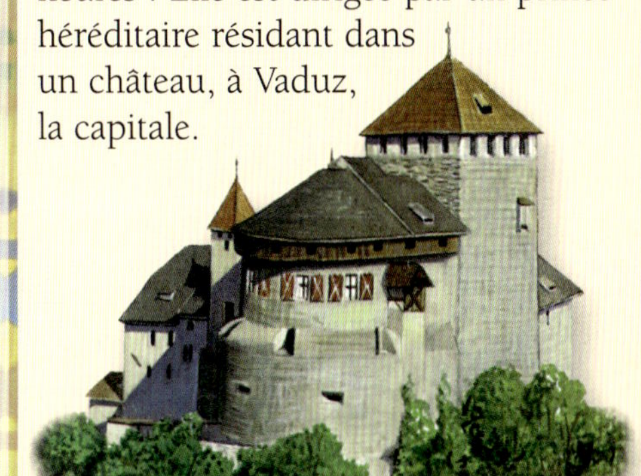

**COR DES ALPES**
Depuis des siècles, les fermiers des Alpes suisses utilisent ces immenses trompes de bois au son caverneux pour rassembler les vaches éparpillées sur les alpages.

**CHÂTEAU DE NEUSCHWANSTEIN**
Édifié à la fin du XIXe siècle par le roi Louis II de Bavière, ce château néoféodal a inspiré les constructions féeriques des parcs d'attractions de Walt Disney.

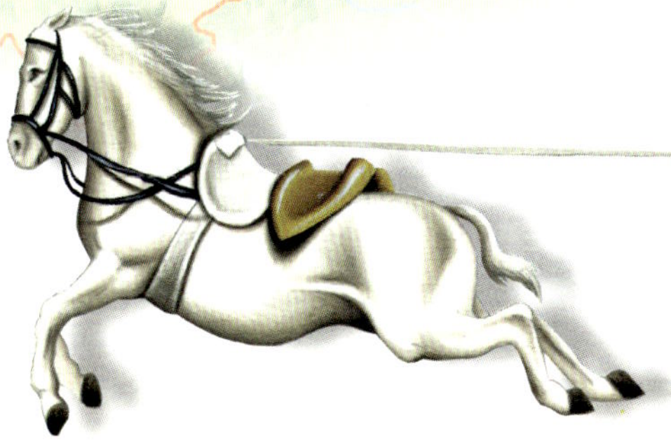

**CHEVAL LIPIZZAN**
Ce cheval doit son nom au village de Lipizza, à côté de Trieste (Italie), où il fut élevé pour la première fois au XVIIe siècle. Il est dressé à l'École d'équitation de Vienne pour exécuter des pas et des sauts.

 Voir aussi la page 108

# Italie

Située dans le sud de l'Europe, l'Italie comprend une longue péninsule en forme de botte, deux grandes îles (la Sicile et la Sardaigne) et 70 îlots. Deux petits États, Saint-Marin et la cité du Vatican, sont enclavés à l'intérieur de la péninsule, le premier au nord-est du pays, le second dans Rome même. La cité du Vatican, plus petit État du monde, est le domaine du pape, chef de l'Église catholique romaine. Les montagnes couvrent 75 % du sol italien. Au nord, les Alpes dessinent un grand arc montagneux qui sert de frontière. La chaîne des Apennins forme l'ossature de la péninsule. Entre ces deux massifs montagneux s'étend la plaine du Pô, plane et drainée par le Pô et ses affluents. Principale région agricole d'Italie, elle constitue aussi le cœur industriel du pays avec notamment Milan (mode, design) et Turin (industrie automobile). L'Italie reçoit chaque année plus de 50 millions de touristes attirés par les nombreuses cités d'art et d'histoire, les ruines antiques et les plages ensoleillées. Blé, citrons, olives et vigne sont les principales cultures agricoles, l'Italie étant le premier producteur mondial d'olives et de vin. Les tremblements de terre et les éruptions volcaniques sont fréquents. En Sicile, l'Etna est en activité permanente : on a recensé au moins 260 éruptions depuis 70 av. J.-C.
À 90 km au sud de la Sicile se dresse l'archipel de Malte. État indépendant depuis 1964, Malte fut successivement occupée au cours de son histoire par les Romains, les Arabes, les Turcs, les Français et les Anglais.

**ITALIE**
Population : 58 262 000 * Capitale : Rome

**MALTE**
Population : 369 600 * Capitale : La Valette

**SAINT-MARIN**
Population : 24 300 * Capitale : Saint-Marin

**CITÉ DU VATICAN**
Population : 830 habitants

## • Le sais-tu ? •

Édifiée entre 1170 et 1350, la tour de Pise est un campanile de 55 m de haut. Avec l'achèvement du troisième étage, l'édifice a commencé à s'enfoncer sous son poids et à s'incliner. Des travaux de consolidation du sol ont aujourd'hui stabilisé l'inclinaison, qui est de 4,50 m par rapport à la verticale.

**Le Colisée**
Construit à Rome au Ier siècle de notre ère, cet amphithéâtre romain accueillait des combats de gladiateurs et des joutes nautiques.

**Le Vésuve et Pompéi**
L'éruption du Vésuve, en 79 apr. J.-C., a enfoui la cité de Pompéi sous une épaisse couche de cendres. Les premières fouilles archéologiques datent du XVIIIe siècle.

## ◆ *Idée : réaliser une mosaïque* ◆

Une mosaïque est un assemblage de cubes de pierre ou de verre colorés, fixés par un ciment et formant un dessin. Sous la Rome antique, murs et sols des édifices publics et privés étaient ornés de mosaïques. Celles de l'église San Vitale, à Ravenne, achevée en 547, sont d'un coloris éclatant. Tu peux réaliser ta propre mosaïque, en remplaçant les cubes de pierre ou de verre par du papier coloré.

❶ Découpe des carrés de 5 mm de côté dans différentes feuilles de papier de couleur.

❷ Sur une feuille de papier blanc ou de couleur, dessine un motif simple : une fleur, un paysage, un animal ou un objet.

❸ Pour former ta mosaïque, colle les différents carrés de couleur, en les assemblant soigneusement à l'intérieur des formes de ton dessin.

**Saint-Marin**
Fondée au IVe siècle par des chrétiens fuyant les persécutions religieuses, Saint-Marin est la plus petite et la plus ancienne république du monde.

 Voir aussi la page 108

# Balkans

Péninsule du sud-est de l'Europe baignée par la Méditerranée et la mer Noire, les Balkans sont une zone de passage entre l'Europe et l'Asie. Les peuples y sont souvent mélangés, mais restent divisés par leur culture, leur histoire, leur langue et leur religion. Depuis le XIXe siècle, des conflits ont modifié à plusieurs reprises les frontières des États de la région. En 1991, la Slovénie, la Croatie, la Bosnie-Herzégovine et la Macédoine ont proclamé leur indépendance, provoquant l'éclatement de la Yougoslavie et une guerre sanglante. Les deux tiers de la péninsule sont occupés par des reliefs montagneux et escarpés. À l'ouest, la côte dalmate est dominée par des montagnes et des hauts plateaux souvent couverts de forêts, qui se prolongent à l'est vers la Bulgarie. Enserrée dans les Balkans, la vallée des Roses est le principal producteur mondial d'essence de rose, qui sert à la fabrication des parfums. Le Danube relie les grands centres économiques de la région aux ports de la mer Noire. Au sud des Balkans, la Grèce est une péninsule déchiquetée, aux sols ingrats parcourus par des troupeaux de chèvres et de moutons. Son climat méditerranéen permet cependant de faire pousser des céréales, des oliviers, de la vigne et des fruits. Toujours proche, la mer, parsemée d'îles, baigne des côtes échancrées de criques et de calanques. La Grèce est visitée chaque année par des millions de touristes attirés par l'éclat de sa civilisation antique, par la mer et le soleil.

**ALBANIE**
Population : 3 414 000 * Capitale : Tirana

**BOSNIE-HERZÉGOVINE**
Population : 3 202 000 * Capitale : Sarajevo

**BULGARIE**
Population : 8 775 000 * Capitale : Sofia

**CROATIE**
Population : 4 666 000 * Capitale : Zagreb

**GRÈCE**
Population : 10 648 000 * Capitale : Athènes

**MACÉDOINE**
Population : 2 160 000 * Capitale : Skopje

**ROUMANIE**
Population : 23 198 000 * Capitale : Bucarest

**SLOVÉNIE**
Population : 2 052 000 * Capitale : Ljubljana

**YOUGOSLAVIE**
Population : 11 102 000 * Capitale : Belgrade

## ◆ IDÉE : *réaliser une grotte* ◆

Les grottes de Postojna, en Slovénie, sont célèbres pour leurs stalagmites et leurs stalactites. Si ces concrétions ont mis des milliers d'années à se former, tu peux, toi, les réaliser en quelques jours.

❶ Dessine une grotte sur le fond intérieur d'une boîte à chaussures. Recouvre les côtés extérieurs et intérieurs de la boîte avec une feuille de papier aluminium. Pose la boîte comme sur le dessin. Perce deux trous côte à côte à chaque extrémité supérieure de la boîte. Mets un verre de chaque côté de la boîte.

❷ Passe une ficelle dans un trou et fais-la ressortir de l'autre côté. Fais la même chose avec les deux autres trous. Assure-toi que les ficelles touchent le fond des verres et qu'elles pendent légèrement à l'intérieur de la boîte.

❸ Remplis les verres d'eau chaude et de cristaux de soude. Mélange-les bien. Une fois les cristaux dissous, lave-toi les mains. Au bout de quelques jours, l'eau imprégnera les ficelles et commencera à s'évaporer. Des dépôts de sel se formeront à l'endroit où ces ficelles pendent. Des petits tas de sel apparaîtront en même temps sous les fils, là où les gouttes d'eau tombent sur le sol de ta grotte. Peu à peu, les concrétions obtenues donneront, en s'accumulant, des stalactites et des stalagmites.

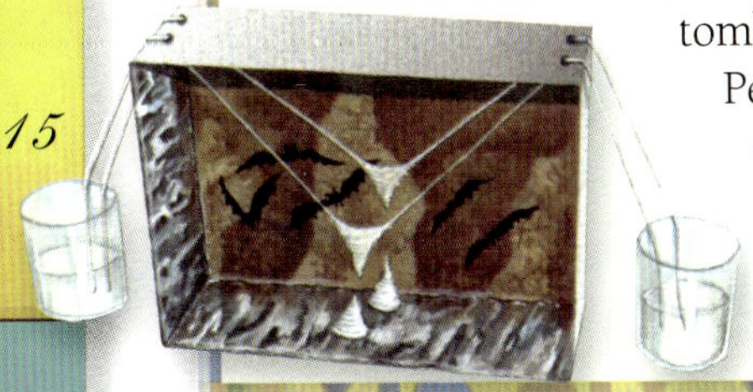

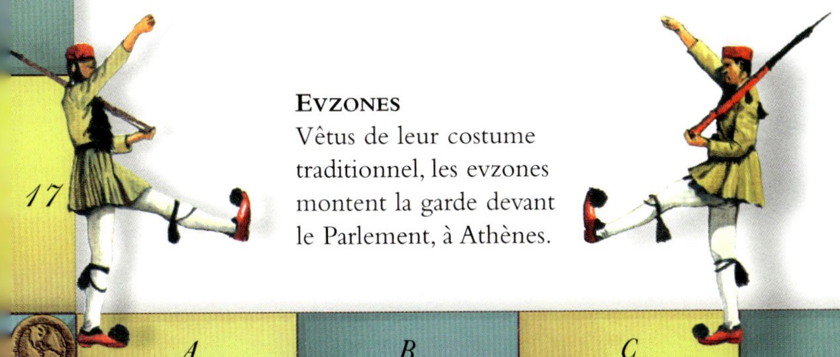

**EVZONES**
Vêtus de leur costume traditionnel, les evzones montent la garde devant le Parlement, à Athènes.

**LE CHÂTEAU DE VLAD TEPES**
Vlad Tepes, prince roumain du XVe siècle, est célèbre pour sa cruauté. La légende dit qu'il inspira l'histoire de Dracula le vampire.

**MILAN NOIR**
Vivant en grand nombre dans les Balkans, ces oiseaux de proie se rassemblent par centaines, la nuit, sur les branches d'arbres.

# Europe de l'Est

Des bouleversements politiques ont récemment modifié la carte de cette région. Rattachés auparavant à l'URSS, les pays Baltes (Estonie, Lettonie, Lituanie), la Biélorussie, la Moldavie et l'Ukraine sont devenus des États indépendants en 1990-1991. En 1993, la Tchécoslovaquie s'est divisée en deux États : la République tchèque et la Slovaquie. Le premier a la forme d'un quadrilatère délimité par des massifs montagneux ; le second est occupé aux trois quarts par le massif des Carpates. Une vaste prairie plane et fertile couvre la Hongrie et l'Ukraine. La majeure partie de la Pologne est formée de plaines et de bas plateaux parcourus du sud au nord par de grands fleuves se jetant dans la mer Baltique, aux côtes marécageuses bordées de dunes. Plus de 9 000 lacs d'origine glaciaire ceinturent, à l'est, les pays Baltes. Durant l'hiver, froid et rigoureux, le gel entrave souvent la circulation dans la mer Baltique, nécessitant l'intervention de brise-glace. Les deux tiers des habitants de l'Europe de l'Est vivent en ville. Beaucoup travaillent dans les mines, la sidérurgie et les chantiers navals. Souvent très polluantes, ces industries ont, par leurs rejets, détruit les forêts polonaises et tchèques, et rendu la baignade dangereuse dans les lacs hongrois. L'explosion accidentelle d'un réacteur de la centrale nucléaire de Tchernobyl près de Kiev, en 1986, a contaminé une vaste région à cheval sur l'Ukraine et la Biélorussie, rendant toute culture impropre. L'Ukraine reste cependant l'un des greniers à blé du monde.

## Cherche

- Quelle sorte de verre fabrique-t-on en République tchèque ?
- Cite un minerai extrait dans l'est de la Hongrie.
- Avec quoi est faite la soupe appelée bortsch, en Ukraine ?

| | |
|---|---|
| **BIÉLORUSSIE** | Population : 10 437 000 * Capitale : Minsk |
| **ESTONIE** | Population : 1 625 000 * Capitale : Tallinn |
| **HONGRIE** | Population : 10 319 000 * Capitale : Budapest |
| **LETTONIE** | Population : 2 763 000 * Capitale : Riga |
| **LITUANIE** | Population : 3 876 000 * Capitale : Vilnius |
| **MOLDAVIE** | Population : 4 490 000 * Capitale : Chişinău |
| **POLOGNE** | Population : 38 792 000 * Capitale : Varsovie |
| **RÉPUBLIQUE TCHÈQUE** | Population : 10 433 000 * Capitale : Prague |
| **SLOVAQUIE** | Population : 5 432 000 * Capitale : Bratislava |
| **UKRAINE** | Population : 51 868 000 * Capitale : Kiev |

**L'église Sainte-Marie-du-Tyn**
Les clochers de cette église du XIVe siècle portent les noms d'Adam et Ève, celui de droite étant plus large que l'autre.

**Cavaliers de l'Hortobágy**
Située en Hongrie, la région de l'Hortobágy est célèbre pour ses élevages de chevaux. Les habitants sont fiers de leur adresse à monter à cheval.

## ◆ IDÉE : *réaliser des œufs peints* ◆

Symbole du renouveau printanier, les œufs peints sont une tradition lors des fêtes de Pâques en Europe de l'Est. Peindre un œuf ne pose guère de difficulté. Seule la préparation de la coquille est une opération délicate. Sors des œufs du réfrigérateur et laisse-les dehors quelques heures. Trop froids, ils pourraient se fendre.

1. Perce délicatement l'extrémité la plus large d'un œuf avec une épingle. Élargis ensuite le trou (5 mm).
2. Perce ensuite très finement l'autre extrémité. Bouche les deux trous avec tes doigts et agite délicatement l'œuf pour crever le jaune. Tiens l'œuf au-dessus d'une assiette et souffle par le petit trou. Le contenu s'écoulera lentement dans le plat.
   Rince ensuite la coquille à l'eau et laisse-la sécher.
3. Enfile délicatement un fil de fer rigide par les trous de la coquille avant de peindre. Cela te facilitera la tâche.
4. Une fois la peinture achevée, pose la coquille sur un bol pour le séchage.

LOCALISATION

**BISONS D'EUROPE**
Autrefois, il y avait des bisons dans de nombreuses forêts d'Europe. On n'en trouve plus aujourd'hui que dans une partie de la Pologne.

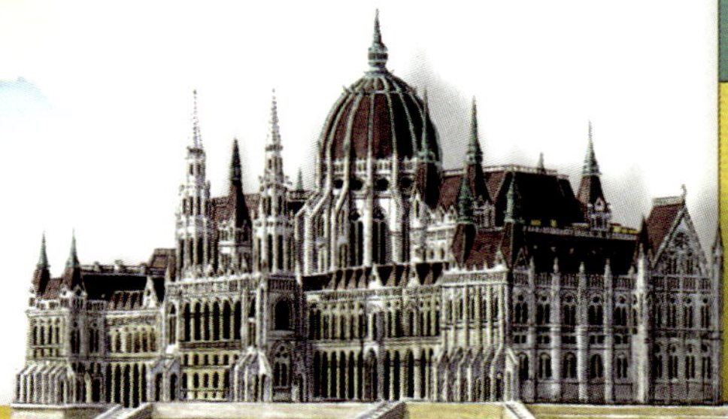

 Voir aussi la page 109

# Pays nordiques

Les pays du nord de l'Europe sont le Danemark, la Finlande, l'Islande, la Norvège et la Suède. Le terme de Scandinavie s'applique à la vaste péninsule occupée par la Norvège et la Suède. La bordure occidentale de la péninsule est délimitée par des côtes rocheuses et abruptes bordées de 150 000 îles et découpées par une succession de profondes vallées glaciaires envahies par la mer, les fjords. L'intérieur est occupé par de hauts plateaux et des sommets élevés couverts de glaciers. À l'est, les terres basses et marécageuses de Suède et de Finlande sont constellées de dizaines de milliers de lacs et couvertes de forêts de conifères abritant élans, ours bruns et loups. Le climat est rude et froid dans la moitié nord, avec des hivers longs, sombres et neigeux, mais plus tempéré au sud, où les terres sont plus fertiles. 3 % seulement du sol norvégien est cultivable, contre plus de 75 % au Danemark. Située à l'ouest, à 1 000 km des côtes de Norvège, l'Islande est une île d'origine volcanique. La partie centrale, inhabitée et d'aspect lunaire est recouverte de glaciers (13 000 km²), de champs de lave, de cratères. Le volcanisme se manifeste par la présence de nombreux geysers, de sources chaudes et de volcans en activité.

**DANEMARK**
Population : 5 199 000 * Capitale : Copenhague

**FINLANDE**
Population : 5 085 000 * Capitale : Helsinki

**ISLANDE**
Population : 266 000 * Capitale : Reykjavík

**NORVÈGE**
Population : 4 331 000 * Capitale : Oslo

**SUÈDE**
Population : 8 822 000 * Capitale : Stockholm

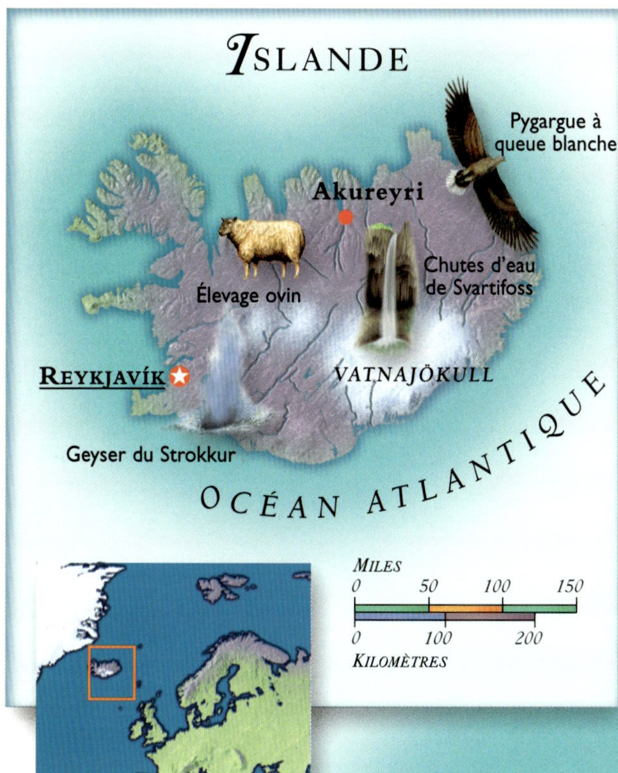

## ◆ IDÉE : *une tente lapone* ◆

Certains Lapons vivent encore sous des tentes faites de peaux de renne tendues sur des perches de bois. Faciles à monter et à démonter, ces tentes leur permettent de suivre les troupeaux de rennes dans leurs migrations. Rien de plus simple que d'en construire une en modèle réduit.

1. Choisis comme perches plusieurs tiges de paille. Attache-les à un bout avec une ficelle, puis écarte-les à l'autre extrémité afin de constituer la base de la tente.
2. Utilise ensuite une feuille de papier dessin comme peau de renne. Enroule le papier en forme de cône et fixe-le avec du ruban adhésif. Laisse une ouverture au sommet du cône (pour évacuer les fumées du foyer). Puis glisse le cône de papier autour des tiges et découpe une ouverture.
3. Si tu veux créer une tente pour camper, prends des tiges de bambou de 1,20 à 1,50 m de long, de la toile et de la ficelle résistante, puis procède de la même façon.

**L'ÉGLISE SAINT-ANDRÉ**
Cette église en bois debout dédiée à saint André fut bâtie en 1150. Elle s'élève autour de quatre piliers porteurs. Des dragons inspirés de la mythologie viking ornent les pignons.

**LA STATUE DE LA PETITE SIRÈNE**
À l'extrémité du port de Copenhague se dresse une statue inspirée du célèbre conte de l'écrivain danois Hans Christian Andersen, *la Petite Sirène*.

# Asie

L'Asie, le plus grand de tous les continents, s'étend sur près de la moitié du globe et couvre un tiers des terres émergées. Elle abrite aussi bien les plus hauts sommets du monde que le point le plus bas. L'Asie fut le berceau de nombreuses grandes religions et civilisations ; aujourd'hui, sa population représente 60 % des habitants de la planète. La plupart des Asiatiques vivent dans l'est et le sud du continent, au climat chaud et humide, où s'étendent de larges zones boisées et des plaines fertiles. Déserts et montagnes se partagent le sud-ouest et le cœur du continent, tandis qu'au nord les steppes d'Asie centrale débouchent sur les immenses forêts russes. La toundra ceinture la côte nord du continent. La Russie est le plus grand pays d'Asie (et du monde) par sa superficie, mais sa voisine la Chine la dépasse par le nombre de ses habitants.

## Le continent

**Superficie :** 44 391 162 km²
(Russie d'Europe non incluse)
**Population :** 3 516 177 000 habitants
(Russie d'Europe non incluse)
**États indépendants :** Afghanistan, Arabie saoudite, Arménie, Azerbaïdjan, Bahreïn, Bangladesh, Bhoutan, Birmanie (ou Myanmar) Brunei, Cambodge, Chine, Chypre, Corée du Nord, Corée du Sud, Émirats arabes unis, Géorgie, Inde, Indonésie, Iran, Iraq, Israël, Japon, Jordanie, Kazakhstan, Kirghizistan, Koweït, Laos, Liban, Malaisie, Maldives, Mongolie, Népal, Oman, Ouzbékistan, Pakistan, Philippines, Qatar, Russie, Singapour, Sri Lanka (ex-Ceylan), Syrie, Tadjikistan, Taïwan, Thaïlande, Turkménistan, Turquie, Viêt Nam, Yémen

## Principaux sommets et fleuves

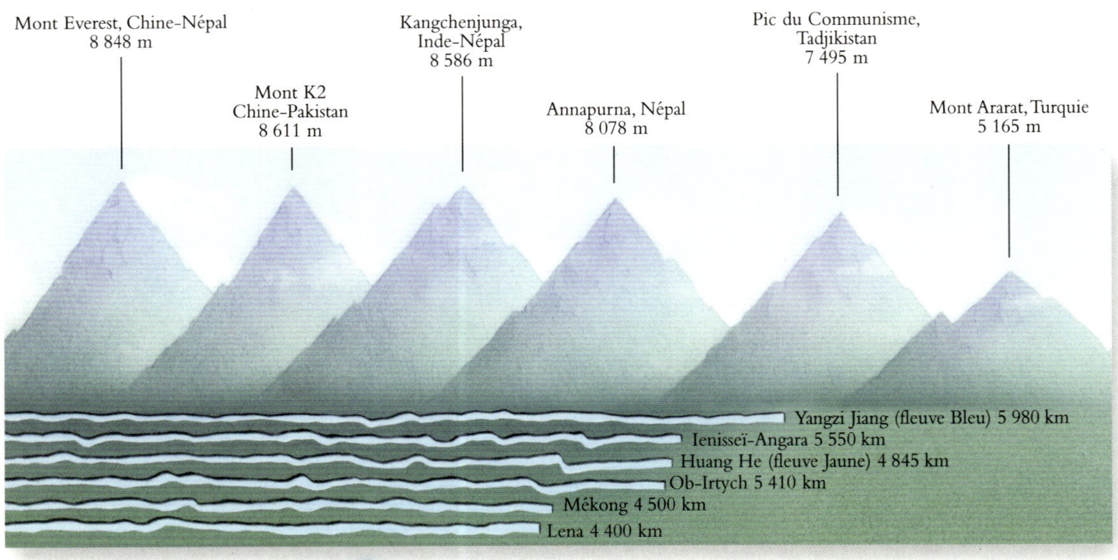


## Records du monde

**Plus haut sommet**
Le mont Everest, Chine-Népal : 8 848 m

**Point le plus bas**
La mer Morte, Israël-Jordanie : 400 m en dessous du niveau de la mer

**Plus grand lac**
La mer Caspienne, Asie occidentale : 371 800 km²

**Lac au plus fort débit, le plus profond et le plus vieux**
Le lac Baïkal, Russie : 23 000 km³ d'eau ; 1 367 m de profondeur ; 25 millions d'années

**État le plus vaste**
La Russie : 17 075 383 km²

**État le plus peuplé**
La Chine : 1 203 097 000 habitants

**Agglomération la plus peuplée**
Tōkyō, Japon : 26 800 000 habitants

**Plus long mur**
La Grande Muraille de Chine : 3 460 km

**Plus longue ligne de chemin de fer**
Le Transsibérien, Russie : 9 297 km

## Carte politique

## Record du continent

**Plus long fleuve**
Le Yangzi Jiang (fleuve Bleu) : 5 980 km

## Légende pour les petits États

| | |
|---|---|
| 1 Arménie | 7 Qatar |
| 2 Azerbaïdjan | 8 Émirats arabes unis |
| 3 Liban | 9 Bhoutan |
| 4 Israël | 10 Bangladesh |
| 5 Koweït | ■ 11 Singapour |
| ■ 6 Bahreïn | 12 Brunei |

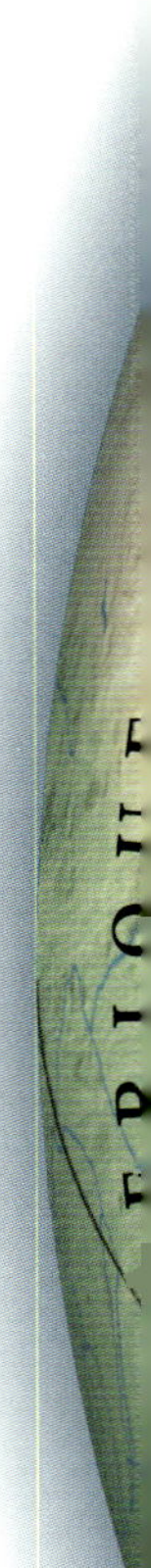

# Carte physique

# Russie

Le plus vaste pays du monde représente à lui seul les deux tiers de l'Asie et un tiers de l'Europe et couvre onze fuseaux horaires ! Quand les habitants de Saint-Pétersbourg, à l'ouest, se couchent, les mineurs et les gardiens de troupeaux de rennes qui vivent dans l'extrémité orientale de la Russie se lèvent. La majeure partie de la Russie a un climat froid, avec des étés allant du doux au frais et des hivers du froid au glacial. Dans le Nord, où règne la toundra, les températures peuvent baisser jusqu'à – 70 °C. Contrastant avec ces steppes herbeuses, une large ceinture de forêts de conifères (la taïga) traverse presque tout le pays. Les monts Oural séparent la Russie d'Europe de la Russie d'Asie : à l'ouest, la partie européenne ne recouvre qu'un quart du territoire mais regroupe les quatre cinquièmes de la population, les grandes industries et les terres les plus fertiles. À l'est de l'Oural et jusqu'à l'océan Pacifique s'étend la Sibérie, immense région de plus de 12 millions de kilomètres carrés (soit vingt-cinq fois la France). En Sibérie méridionale, non loin de la Mongolie, le lac Baïkal, le plus profond du monde, contient un cinquième de l'eau douce de la planète. Peu peuplée du fait d'un milieu naturel hostile, la Sibérie ne manque pas de ressources (pétrole et charbon). La presqu'île du Kamtchatka est le point le plus à l'est de la Russie ; au nord-est, le détroit de Béring ne sépare la Russie de l'Alaska que de 80 km.

**RUSSIE**
Population : 149 909 000 * Capitale : Moscou

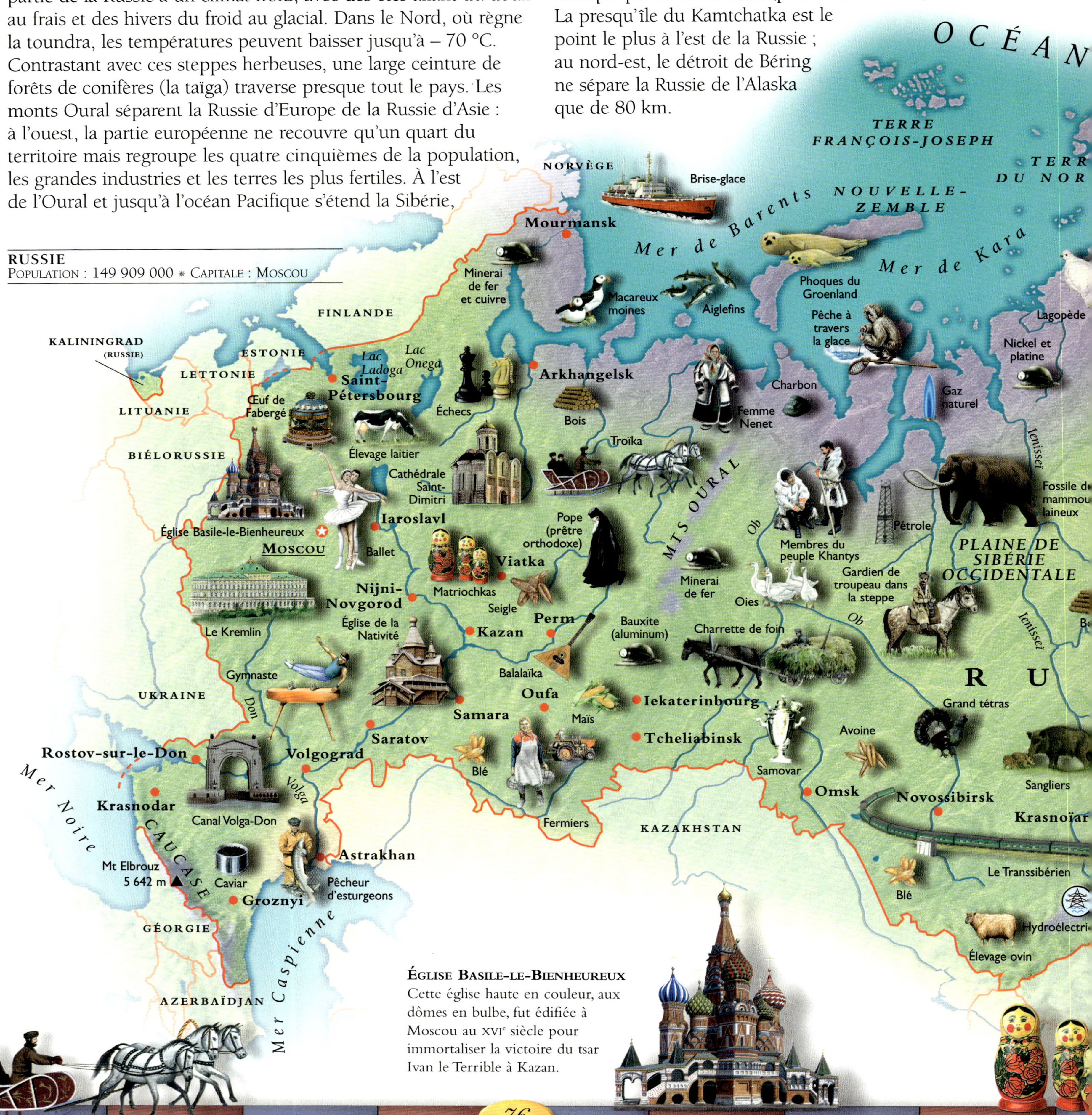


**Église Basile-le-Bienheureux**
Cette église haute en couleur, aux dômes en bulbe, fut édifiée à Moscou au XVIe siècle pour immortaliser la victoire du tsar Ivan le Terrible à Kazan.

 *Voir aussi la page 110*

## ◆ LE SAIS-TU ? ◆

Parcourant presque un quart du tour de la Terre, le Transsibérien (commencé en 1891, terminé en 1917) est la plus longue ligne de chemin de fer du monde. Le voyage de Moscou à Vladivostok dure huit jours et couvre une distance de 9 297 km.

## ◆ CHERCHE ◆

- Quelle sorte de fossile a-t-on découvert dans la plaine de Sibérie occidentale ?
- Sur quelle presqu'île se trouve le volcan Klioutchevskaïa ?
- Comment appelle-t-on le traîneau russe tiré par trois chevaux ?

**MATRIOCHKAS**
Ces poupées gigognes traditionnelles s'emboîtent les unes dans les autres. Certaines en contiennent une douzaine d'autres.

**TIGRE DE SIBÉRIE**
Le plus grand de tous les tigres vit dans le sud-est de la Sibérie. Il chasse les ours, les cerfs, parfois même les hommes ! Il lui faut 10 kg de viande par jour.

# Eurasie centrale

On appelle Eurasie l'ensemble formé par l'Europe et l'Asie. L'Eurasie centrale s'étend du sud-est de la péninsule balkanique jusqu'au cœur de l'Asie. La Turquie forme un pont entre les deux continents, qui sont séparés par le détroit du Bosphore. Le pays est occupé par un haut plateau central, au climat rude et sec, qui s'oppose aux régions côtières, de climat méditerranéen, très fertiles. À l'ouest de la Turquie se trouve l'île de Chypre, que se disputent Grecs et Turcs. À l'est de la Turquie, la Géorgie, l'Arménie et l'Azerbaïdjan, encadrés par le Caucase,disposent de riches ressources naturelles : autrefois, Bakou fournissait la moitié du pétrole mondial. À l'est de la Caspienne, le désert recouvre la majeure partie du Turkménistan, de l'Ouzbékistan et du Kazakhstan. Jadis, la route de la soie traversait ces terres, reliant des villes comme Samarkand et Tachkent. Dans le Nord, le désert se fond dans la steppe kirghize ; au sud-est, les monts Tian Shan occupent le Tadjikistan et le Kirghizistan. Nombre de fleuves d'Eurasie centrale sont détournés pour irriguer les sols : la mer d'Aral, qui est alimentée par le Syr-Daria et l'Amou-Daria, a ainsi perdu la moitié de sa superficie ; de nombreux bateaux sont désormais échoués à 30 km du niveau des eaux...

**ARMÉNIE**
Population : 3 557 000 * Capitale : Erevan

**AZERBAÏDJAN**
Population : 7 790 000 * Capitale : Bakou

**CHYPRE**
Population : 736 600 * Capitale : Nicosie

**GÉORGIE**
Population : 5 726 000 * Capitale : Tbilissi

**KAZAKHSTAN**
Population : 17 377 000 * Capitale : Almaty (Alma-Ata)

**KIRGHIZISTAN**
Population : 4 770 000 * Capitale : Bichkek

**OUZBÉKISTAN**
Population : 23 089 000 * Capitale : Tachkent

**TADJIKISTAN**
Population : 6 155 000 * Capitale : Douchanbe

**TURKMÉNISTAN**
Population : 4 075 000 * Capitale : Achkhabad

**TURQUIE**
Population : 63 406 000 * Capitale : Ankara

**Mosquée Bleue**
Construite pour le sultan Ahmed Ier au début du XVIIe siècle, ce joyau d'Istanbul (Turquie) doit son nom aux 21 000 faïences bleues et vertes qui décorent son intérieur.

 *Voir aussi la page 110*

## Le sais-tu ?

En Cappadoce (Turquie centrale), l'érosion provoquée par l'eau et le vent a façonné un paysage irréel, aux formes étonnantes. Entre le VIe et le XIIIe siècle, des chrétiens aménagèrent des abris et des églises dans les grottes creusées dans la roche.

## Idée : tisser un kilim

Le kilim est un tapis d'Orient (le mot signifie « tapis de prière » en turc). Voici comment en fabriquer un modèle simple.

1. Découpe des encoches aux coins d'un morceau de carton rectangulaire. Attache le bout d'une ficelle à l'angle supérieur gauche, puis enroule-la sur le carton, de haut en bas et de gauche à droite, en laissant un intervalle de 1 cm. Attache l'autre bout de la ficelle à l'angle inférieur droit.
2. Maintenant, tisse ton kilim en passant la laine sous et sur la ficelle. Si tu commences le premier rang en passant dessous, commence le deuxième en passant dessus, et ainsi de suite. Pour changer de couleur, noue le fil de la nouvelle pelote à celui de l'ancienne. Au fur et à mesure, serre bien les rangs.
3. Quand le métier est plein, retourne-le ; coupe les ficelles deux à deux, en commençant par celles du milieu, et attache-les en haut et en bas.
4. Une fois qu'elles auront toutes été coupées et nouées, retire le carton. Égalise les bouts qui dépassent : ils formeront la frange de ton kilim.

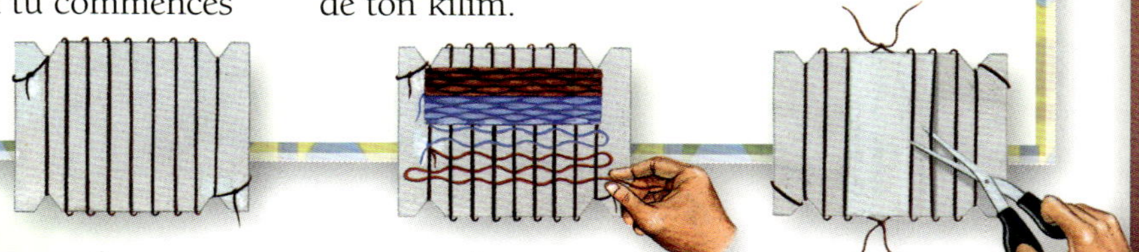

**Léopard des neiges**
Habitant les montagnes, l'once (léopard des neiges) utilise ses larges pattes pour progresser dans la neige et escalader les rochers.

Localisation

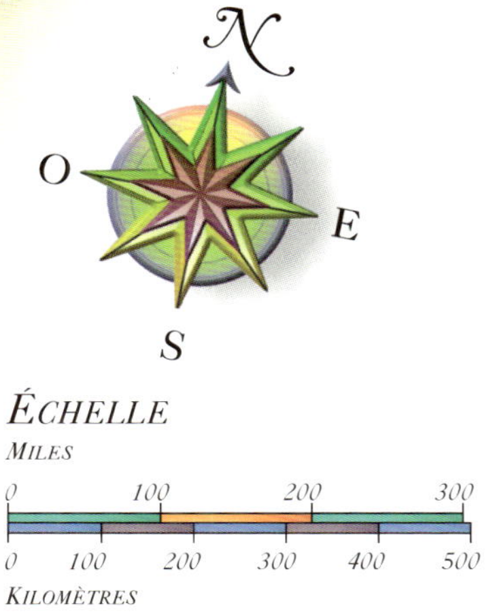


**Cosmodrome de Baïkonour**
Centre spatial de l'ex-URSS, Baïkonour est aujourd'hui loué au Kazakhstan par la Russie, qui en a fait une base de lancement de roquettes et de navettes spatiales.

# Moyen-Orient

Le Moyen-Orient est une terre d'antiques cités et de déserts immenses. C'est le berceau de plusieurs des plus anciennes cultures et des plus importantes religions que la Terre ait connues, à commencer par les trois grands monothéismes : le judaïsme, le christianisme et l'islam. Les terres fertiles sont rares et se concentrent sur la côte méditerranéenne, le long du Tigre et de l'Euphrate, en Iraq, sur les hautes terres du nord de l'Iran et du Yémen. Le reste des territoires est généralement aride et très chaud. Des déserts occupent une grande partie de la Syrie, de la Jordanie, d'Israël et de l'Arabie saoudite, couvrant ainsi la majeure partie de la péninsule d'Arabie où, en certains endroits, il n'a pas plu depuis dix ans ! Des siècles durant, les habitants du Moyen-Orient ont dû s'ingénier à utiliser au mieux leurs maigres réserves d'eau. Aujourd'hui, les usines de dessalement installées sur les rives du golfe Persique transforment l'eau de mer en eau douce. La région du Golfe possède la moitié des réserves de gaz et de pétrole de la planète, ce qui a fait la richesse de certains États producteurs et exportateurs : en moyenne, les salariés des Émirats arabes unis gagnent le double de ceux des États-Unis. À l'inverse, le Yémen, qui n'a que peu de pétrole, est l'un des pays les plus pauvres du monde.

**ARABIE SAOUDITE**
Population : 18 730 000 * Capitale : Riyad

**BAHREÏN**
Population : 575 900 * Capitale : Manāma

**ÉMIRATS ARABES UNIS**
Population : 2 925 000 * Capitale : Abu Dhabi

**IRAN**
Population : 64 625 000 * Capitale : Téhéran

**IRAQ**
Population : 20 644 000 * Capitale : Bagdad

**ISRAËL**
Population : 5 433 000 * Capitale : Jérusalem

**JORDANIE**
Population : 4 101 000 * Capitale : Amman

**KOWEÏT**
Population : 1 817 000 * Capitale : Koweït

**LIBAN**
Population : 3 696 000 * Capitale : Beyrouth

**OMAN**
Population : 2 125 000 * Capitale : Mascate

**QATAR**
Population : 533 900 * Capitale : al-Dawha

**SYRIE**
Population : 15 452 000 * Capitale : Damas

**YÉMEN**
Population : 14 728 000 * Capitale : Sanaa

### Le sais-tu ?

Le désert de Rub' al-Khālī, dans le sud de l'Arabie Saoudite, est le plus grand désert de sable du monde. Grand comme la France, il n'abrite ni ville, ni village ; seuls y vivent des nomades que l'on appelle Bédouins.

**La Coupole du Rocher**
Ce temple musulman se dresse derrière le mur des Lamentations, un lieu sacré pour les juifs. À l'intérieur se trouve un rocher qui passe pour être le centre du monde.

**Femme voilée**
La tradition veut que les femmes musulmanes cachent leur visage et leurs cheveux aux étrangers. Nombreuses sont celles qui portent un grand voile noir, appelé tchador en Iran.

 Voir aussi les pages 110-111

## CHERCHE

- À quelles courses d'animaux assiste-t-on en Arabie saoudite ?
- Cite une pierre précieuse du nord-est de l'Iran.
- Comment s'appelle la feuille que les Yéménites aiment mastiquer ?

**ORYX D'ARABIE**
Cette espèce d'antilope est peut-être à l'origine du mythe de la licorne. En effet, vue de profil, sa tête semble ne porter qu'une seule corne.

 Voir aussi la page 112

# Asie méridionale

L'Asie méridionale, dite aussi sous-continent indien, est séparée du reste de l'Asie par une série de barrières montagneuses. Au nord-est, l'Himalaya – la plus haute chaîne de montagnes du monde – s'étire sur le nord de l'Inde et les deux petits royaumes du Népal et du Bhoutan. Au nord-ouest, les massifs de l'Hindou Kouch – la deuxième plus haute chaîne du monde – s'étendent du nord-ouest de l'Afghanistan au Pakistan. Plus au sud, c'est le domaine des plaines gigantesques qui courent du Pakistan au Bangladesh, couvrant la majeure partie de l'Inde du Nord. Ensuite, l'immense plateau triangulaire du Deccan domine l'Inde du Sud. Au large de la côte sud, l'île de Sri Lanka (ex-Ceylan) termine le sous-continent indien. L'Asie méridionale possède de vastes zones de terres fertiles, des réserves minérales et des industries en plein essor, mais ces ressources ne suffisent pas à subvenir aux besoins d'une population très importante. Un cinquième de la population mondiale vit dans cette région et le taux de natalité est très élevé : rien qu'en Inde, 20 millions d'enfants naissent chaque année !
La majorité des habitants vit dans des villages et cultive de quoi subvenir à ses besoins. En Inde, au Sri Lanka et au Bangladesh, les agriculteurs sont tributaires des pluies d'été (moussons). Si celles-ci sont trop faibles, les cultures ne poussent pas. Mais, en cas de trop forte mousson, les cultures et les maisons risquent d'être dévastées par des torrents de boue.

**AFGHANISTAN**
Population : 21 252 000 * Capitale : Kaboul

**BANGLADESH**
Population : 128 095 000 * Capitale : Dacca

**BHOUTAN**
Population : 1 781 000 * Capitale : Thimbu

**INDE**
Population : 936 546 000 * Capitale : New Delhi

**MALDIVES**
Population : 261 300 * Capitale : Malé

**NÉPAL**
Population : 21 561 000 * Capitale : Katmandou

**PAKISTAN**
Population : 131 542 000 * Capitale : Islāmābād

**SRI LANKA (EX-CEYLAN)**
Population : 18 343 000 * Capitale : Colombo

## Idée : un motif Tadj Mahall

Pour immortaliser l'amour qu'il portait à son épouse, l'empereur Chah Djahan fit édifier, près d'Agra, un tombeau de marbre blanc : le Tadj Mahall. Commencés en 1632, les travaux demandèrent seize années d'efforts à plus de 20 000 ouvriers. Décorés de motifs floraux, les carreaux sont incrustés de pierres semi-précieuses. Avec du papier, crée ton propre motif « Tadj Mahall ».

1. Dessine des motifs floraux sur du papier blanc.
2. Colorie chaque fleur, puis utilise éclats de miroir, paillettes, morceaux d'emballages en plastique ou boutons de couleur pour imiter les incrustations précieuses du Tadj Mahall.

## • LE SAIS-TU ? •

L'Himalaya se trouvait jadis sous la mer ! Il y a près de 50 millions d'années, la plaque portant l'Inde heurta la plaque eurasiatique, faisant ainsi surgir une vaste chaîne de montagnes. On a retrouvé des coquillages fossiles sur plusieurs sommets himalayens.

**ÉLÉPHANT D'APPARAT**
Magnifiquement caparaçonné, peint et orné de bijoux, l'éléphant défile en grande pompe lors des fêtes religieuses hindoues.

**STUPA DE BODHNATH**
Bodhnath, centre de pèlerinage bouddhiste à l'est de Katmandou, abrite le plus considérable stupa (monument religieux) du Népal.

**DANSEUR FOLKLORIQUE**
Au Bhoutan, lors des fêtes religieuses, les danseurs portent des tenues de soie et des masques pour incarner les dieux et les esprits.

# Asie du Sud-Est

Le Sud-Est asiatique se compose, d'une part, d'une zone continentale – la péninsule indochinoise, que se partagent la Birmanie, le Laos, le Viêt Nam, le Cambodge, la Thaïlande et la Malaisie – et, d'autre part, des archipels voisins, qui regroupent quelque 20 000 îles. Dans cette région chaude et humide, les côtes qui s'allongent sur des milliers de kilomètres attirent les populations, car les eaux y sont très poissonneuses. Le riz est la principale production agricole et la base même de l'alimentation. On le cultive dans des rizières en plaine et en terrasses dans les montagnes. Depuis quelques années, de plus en plus de villageois migrent vers les grandes villes, à la recherche d'un travail. C'est ainsi qu'en peu de temps Bangkok, Hô Chi Minh-Ville, Manille et Djakarta se sont hissées au rang des mégapoles les plus peuplées de la planète. L'Asie du Sud-Est dispose de nombreuses richesses naturelles : étain en Malaisie, pierres précieuses en Birmanie, pétrole et gaz naturel à Brunei, l'un des pays les plus riches du monde. Le bois est la ressource la plus courante, et les immenses forêts du Sud-Est asiatique fournissent plus des trois quarts de la production mondiale de bois durs et précieux. Malheureusement, la déforestation menace de nombreuses espèces animales et végétales... Conscients du danger, plusieurs pays ont transformé de vastes zones de forêts en magnifiques parcs nationaux.

| | |
|---|---|
| **BIRMANIE (OU MYANMAR)** | Population : 45 104 000 * Capitale : Yangon (Rangoon) |
| **BRUNEI** | Population : 292 300 * Capitale : Bandar Seri Begawan |
| **CAMBODGE** | Population : 10 561 000 * Capitale : Phnom Penh |
| **INDONÉSIE** | Population : 203 584 000 * Capitale : Djakarta |
| **LAOS** | Population : 4 837 000 * Capitale : Vientiane |
| **MALAISIE (OU MALAYSIA)** | Population : 19 724 000 * Capitale : Kuala Lumpur |
| **PHILIPPINES** | Population : 73 266 000 * Capitale : Manille |
| **SINGAPOUR** | Population : 2 890 000 * Capitale : Singapour |
| **THAÏLANDE** | Population : 60 271 000 * Capitale : Bangkok |
| **VIÊT NAM** | Population : 74 393 000 * Capitale : Hanoi |

**Femme girafe**
Les femmes Padaungs du Myanmar portent dès l'enfance des anneaux de métal autour du cou. On leur en ajoute au fur et à mesure qu'elles grandissent, ce qui leur allonge le cou.

**Tours Petronas**
Avec leurs 452 mètres, ces deux tours de Malaisie dépassent de 9 mètres la Sears Tower de Chicago ; ce sont les plus hauts gratte-ciel du monde.

 Voir aussi les pages 112–113

## ◆ Cherche ◆

- Dans quel pays peut-on faire ses courses dans un marché flottant ?
- Cite une arme utilisée par les chasseurs de Malaisie.
- Quel « dragon » vit sur une île d'Indonésie ?

## ◆ Idée : un volcan en éruption ◆

Le Sud-Est asiatique compte plus de volcans en activité que toute autre partie du monde. L'île de Java, à elle seule, en possède cinquante qui peuvent entrer en éruption n'importe quand. Mais celui que tu vas fabriquer ne présente aucun danger !

❶ Au centre d'un plateau, façonne une montagne avec de la terre humide. Creuse un cratère au sommet et places-y un petit récipient.

❷ Verse environ 1/4 de tasse d'eau chaude dans le récipient. Incorpores-y en remuant une cuillerée à soupe de bicarbonate de soude, quelques gouttes de colorant alimentaire rouge et de liquide vaisselle. Ajoute ensuite 1/4 de tasse de vinaigre pour que ton volcan entre en éruption. La rencontre du vinaigre et du bicarbonate de soude crée du gaz carbonique. Sous la pression de ce dernier, le liquide rouge et mousseux déborde du récipient, telle la lave jaillissant hors du cratère sous la pression des profondeurs.

# Asie : l'Est

L'Asie orientale se compose d'un quart du continent asiatique et de plusieurs petites îles. Elle est dominée par la Chine, troisième pays du monde par la superficie (et premier par la population). La Chine est à peine moins grande que les États-Unis, mais elle compte plus de quatre fois sa population. 80 % des Chinois vivent dans le tiers oriental du pays, où la terre est fertile, le climat doux et humide. Si l'est de la Chine possède de grandes villes, la majorité de sa population est composée de paysans qui vivent dans des villages où ils élèvent des poulets et des cochons, font pousser du riz, du blé et des légumes. La Chine occidentale est sèche, accidentée et peu peuplée : c'est le domaine du désert du Taklamakan et, plus au sud, de l'immense plateau du Tibet. Le Tibet est appelé « le toit du monde » parce que c'est là que se dresse la plus haute chaîne de montagnes du globe, l'Himalaya, qu'il partage avec le Népal, l'Inde et le Bhoutan. La Chine du Nord abrite le désert de Gobi, qui s'étend jusqu'en Mongolie, au cœur de l'Asie.
À l'est, la Corée du Sud et Taïwan connaissent un fort développement économique et industriel. Sur la côte sud, la petite colonie portugaise de Macao est le lieu le plus peuplé de la planète avec plus de 22 150 habitants au kilomètre carré. Macao retournera sous domination chinoise en 1999, comme l'a déjà fait, en 1997, sa voisine l'ex-colonie britannique Hong Kong. Hong Kong et ses hautes tours modernes est la troisième place financière du monde ; c'est aussi le plus actif des ports asiatiques.

**CHINE**
Population : 1 203 097 000 * Capitale : Pékin (ou Beijing)

**CORÉE DU NORD**
Population : 23 487 000 * Capitale : Pyongyang

**CORÉE DU SUD**
Population : 45 554 000 * Capitale : Séoul

**MONGOLIE**
Population : 2 494 000 * Capitale : Oulan-Bator

**TAÏWAN**
Population : 21 501 000 * Capitale : Taipei

### Le sais-tu ?

La Grande Muraille de Chine court sur 3 460 km à travers le nord du pays. C'est la seule construction humaine visible à l'œil nu depuis la Lune ! Bâtie au IIIe siècle pour mettre « l'empire du Milieu » à l'abri des envahisseurs barbares, elle a été renforcée et agrandie au XIVe siècle, mille ans plus tard.

**Guerriers fantômes**
L'empereur chinois Qin Shi Huangdi fit modeler plus de 6 000 de ces soldats en terre cuite pour l'accompagner sous terre et veiller sur lui en montant la garde dans l'autre monde.

**Grand panda**
Il ne reste plus qu'un millier de ces pandas sur terre ; tous vivent bien cachés dans les forêts de bambou de la Chine centrale, près de Chengdu.

 Voir aussi la page 113

**COSTUME TRADITIONNEL CORÉEN**
La tenue traditionnelle des Coréens (veste et pantalon blancs, chapeau en crin noir) n'est plus portée que pour des occasions spéciales.

Japon Voir aussi la page 113

# Japon

L'EMPIRE DU SOLEIL-LEVANT s'étend à l'est de la côte orientale du continent asiatique. Il est formé de quatre îles principales et de plus de 4 000 petites îles. La moitié nord du Japon a un climat froid, avec des hivers enneigés et des étés doux. Dans la moitié sud, plus tropicale, les hivers sont doux, les étés humides. La majeure partie du pays est montagneuse et couverte de forêts. Les tremblements de terre sont fréquents et le Japon compte une bonne cinquantaine de volcans en activité. Bien que sa superficie totale soit inférieure à celle de l'État américain du Montana, le Japon est 150 fois plus peuplé. Les trois quarts de la population vivent dans les villes, les plus grandes se trouvant sur Honshū, l'île la plus étendue.

La capitale du Japon, Tōkyō, englobe dans sa banlieue plus de 80 cités, formant ainsi la plus vaste agglomération urbaine du monde, où se concentrent près de 27 millions d'habitants.

Il y a tant de monde le matin pour aller travailler dans le « centre-ville » que les compagnies de transports en commun emploient des « pousseurs » pour entasser le maximum de voyageurs dans les wagons... Malgré la faible surface de ses terres cultivées, le Japon produit suffisamment pour couvrir une grande part de ses besoins alimentaires. Les produits de la mer constituent la première ressource nationale, et la flotte de pêche nippone est sans rivale. Le Japon est devenu une puissance industrielle majeure, notamment dans les secteurs automobile, naval et électronique.

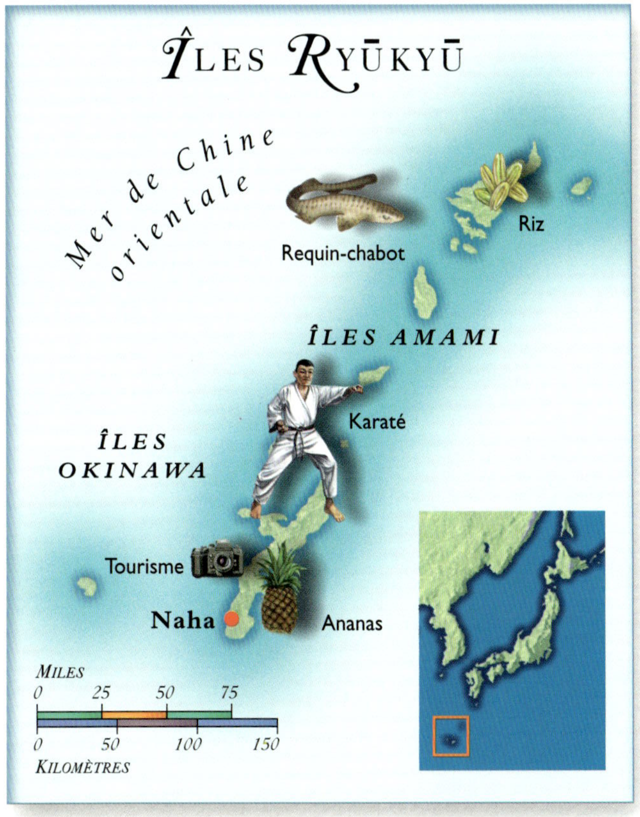


**JAPON**
POPULATION : 125 506 000 * CAPITALE : TŌKYŌ

### ◆ Cherche ◆

- Quel célèbre festival se déroule à Sapporo ?
- Cite 2 espèces de requins vivant au large de la côte ouest de Honshū ?
- Quelle montagne sacrée s'élève au sud-ouest de la capitale du Japon ?

## • Idée : *un pingouin en origami* •

L'origami est la technique traditionnelle nippone de pliage du papier. La plupart des modèles d'origami représentent des animaux ou des êtres humains et comprennent parfois une partie mobile. Dans le Japon ancien, l'origami était un art hautement considéré, et ses créations les plus décoratives pouvaient demander des centaines de pliages. Amuse-toi à fabriquer un joli pingouin.

1. Plie en deux un carré de papier et marque sa pliure. Déplie-le.
2. Rabats le coin inférieur vers l'intérieur de la pliure.
3. Plie à nouveau le papier en deux.
4. Replie les côtés de manière à former des ailes avec les rabats.
5. Rabats le coin supérieur pour marquer sa pliure. Déplie-le.
6. Ouvre le papier et abaisse la pointe à angle droit.
7. Referme le papier, relève et aplatis la tête.

Voilà, ton pingouin est terminé !

**Théâtre kabuki**
Ce théâtre populaire, où se mêlent musique, danse, acrobaties et costumes hauts en couleur, existe depuis le XVII^e siècle. Tous les rôles, même féminins, sont confiés à des hommes.

**Le château d'Ōsaka**
Achevé en 1584, le château d'Ōsaka est l'œuvre du shogun Hideyoshi, l'unificateur du Japon féodal. À l'époque, cette construction était la plus grande forteresse d'Asie.

# Afrique

Deuxième plus grand continent du monde, l'Afrique est un vaste plateau bordé d'étroites plaines côtières. Une forêt tropicale couvre une bonne partie du centre du continent. Au nord et au sud de cette forêt s'étendent des prairies (savanes) et des déserts. Le Sahara, plus vaste désert du monde, se déploie dans tout le nord de l'Afrique, de l'océan Atlantique à la mer Rouge. Sa superficie est presque aussi grande que celle des États-Unis. Les déserts du Kalahari et du Namib occupent la majeure partie du sud-ouest du continent. À l'est, la Grande Vallée du Rift est constituée par une série de cuvettes résultant de fractures de l'écorce terrestre ; elle court de la Syrie, au Moyen-Orient, jusqu'au Mozambique. L'Afrique comprend 53 pays, de l'immense Soudan aride aux petites îles tropicales des Seychelles. Des populations principalement arabes habitent le nord du continent. Dans le sud du Sahara (« Afrique noire ») vivent des populations noires organisées en tribus.

## Le continent

**Superficie :** 30 354 852 km²
**Population :** 720 702 000 habitants
**États indépendants :** Afrique du Sud, Algérie, Angola, Bénin, Botswana, Burkina, Burundi, Cameroun, îles du Cap-Vert, archipel des Comores, Congo, Côte d'Ivoire, Djibouti, Égypte, Érythrée, Éthiopie, Gabon, Gambie, Ghana, Guinée, Guinée-Bissau, Guinée équatoriale, Kenya, Lesotho, Liberia, Libye, Madagascar, Malawi, Mali, Maroc, île Maurice, Mauritanie, Mozambique, Namibie, Niger, Nigeria, Ouganda, République centrafricaine, République démocratique du Congo (ex-Zaïre), Rwanda, São Tomé et Príncipe, Sénégal, Seychelles, Sierra Leone, Somalie, Soudan, Swaziland, Tanzanie, Tchad, Togo, Tunisie, Zambie, Zimbabwe

## Principaux sommets et fleuves

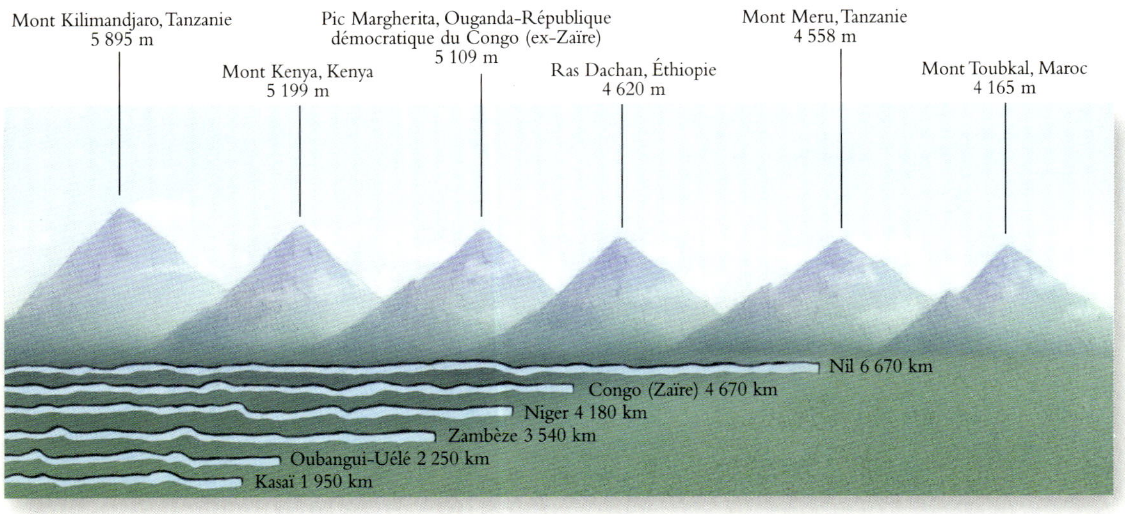


## Records du monde

**PLUS GRAND DÉSERT**
Le Sahara, nord de l'Afrique : 9 269 000 km²

**PLUS LONG FLEUVE**
Le Nil, nord de l'Afrique : 6 670 km

**PLUS GRAND LAC ARTIFICIEL**
Le lac Volta, Ghana : 8 482 km²

**TEMPÉRATURE LA PLUS ÉLEVÉE**
À Al'Azīzīah, Libye : température de 58 °C à l'ombre enregistrée le 13 septembre 1922

## Records du continent

**PLUS HAUT SOMMET**
Le Kilimandjaro, Tanzanie : 5 895 m

**POINT LE PLUS BAS**
Le lac Assal, Djibouti : 152 m en dessous du niveau de la mer

**PLUS GRAND LAC**
Le lac Victoria, Afrique de l'Est : 69 485 km²

**ÉTAT LE PLUS VASTE**
Le Soudan : 2 505 825 km²

**ÉTAT LE PLUS PEUPLÉ**
Le Nigeria : 101 232 000 habitants

**VILLE LA PLUS PEUPLÉE**
Le Caire, Égypte : 9 700 000 habitants

## Carte politique

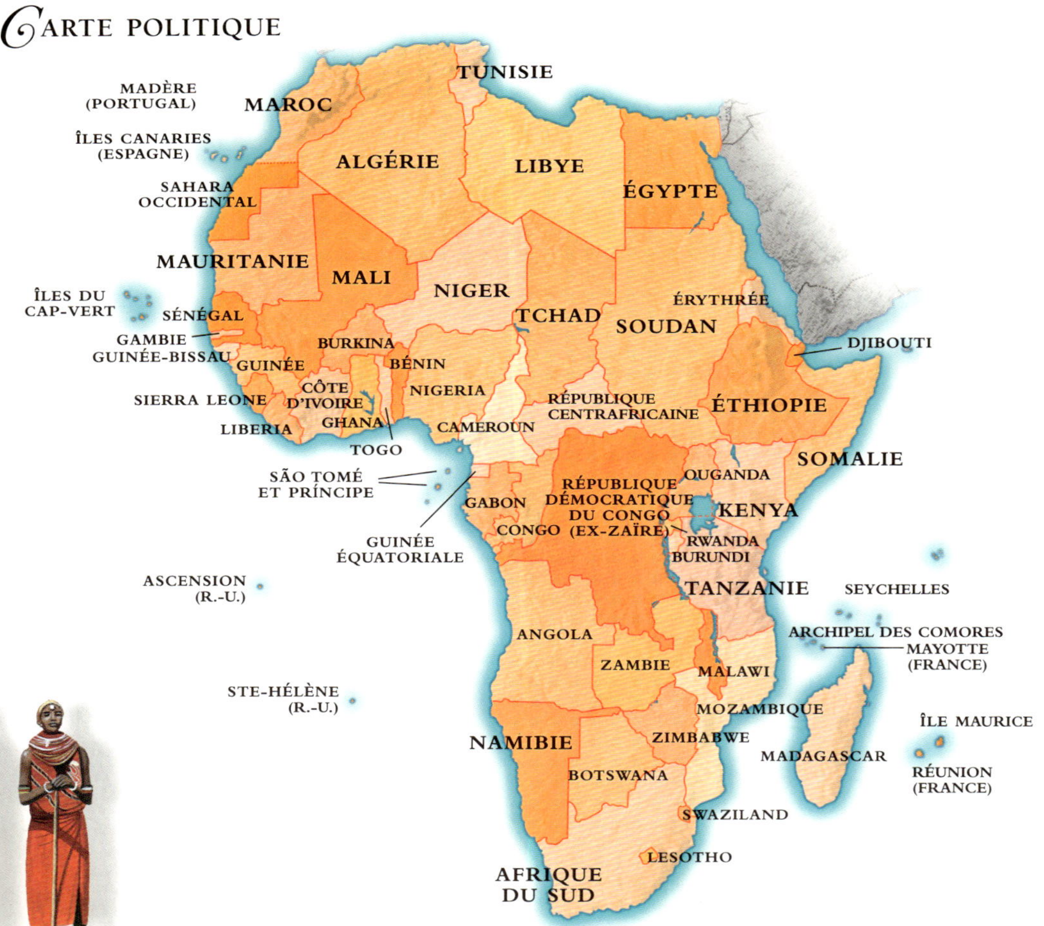

## • Le sais-tu ? •

L'énorme volume d'eau qui se déverse des chutes Victoria, à la frontière de la Zambie et du Zimbabwe, provoque un grondement assourdissant et un nuage d'écume qui peut être vu à plus de 32 km de là. Les populations locales parlent de « la fumée qui tonne ».

# Carte physique

# Afrique : le Nord

Le Sahara, le plus grand désert du monde, couvre plus de la moitié de l'Afrique septentrionale. Que ce soit sur ses plaines dénudées et rocailleuses ou sur ses dunes mobiles, la chaleur est violente, l'eau est rare et il y a peu de terres arables. À dos de dromadaire, les nomades du Sahara se déplacent avec moutons et chèvres à travers le désert, à la recherche de points d'eau et de pâturages. Les seules terres fertiles se trouvent au nord et à l'est du Sahara, dans les vallées des chaînes de l'Atlas ou le long des rives du Nil, en Égypte. La vallée du Nil, cultivée depuis des millénaires, est encore aujourd'hui l'une des régions le plus densément peuplées du monde. L'Algérie et la Libye présentent peu de terres fertiles, mais elles possèdent de grandes réserves de pétrole et de gaz naturel. Au sud du Sahara s'étend une large ceinture de steppes, le Sahel. La sécheresse y est fréquente et le désert gagne du terrain. Plus au sud, on trouve les forêts tropicales pluviales de l'Afrique centrale. En bordure du golfe de Guinée, les forêts ont fait place à des exploitations agricoles ou à de grandes plantations de cacao, de café et de coton. Du pétrole et d'autres minerais ont été découverts en de nombreux pays entourant le golfe, mais une minorité d'habitants profitent de cette richesse.

**ALGÉRIE**
Population : 28 539 000 * Capitale : Alger

**BÉNIN**
Population : 5 523 000 * Capitales : Cotonou, Porto-Novo

**BURKINA**
Population : 10 423 000 * Capitale : Ouagadougou

**CAMEROUN**
Population : 13 521 000 * Capitale : Yaoundé

**ÎLES DU CAP-VERT**
Population : 435 900 * Capitale : Praia

**CÔTE D'IVOIRE**
Population : 14 791 000 * Capitale : Yamoussoukro

**DJIBOUTI**
Population : 421 300 * Capitale : Djibouti

**ÉGYPTE**
Population : 62 360 000 * Capitale : Le Caire

**ÉRYTHRÉE**
Population : 3 579 000 * Capitale : Asmara

**ÉTHIOPIE**
Population : 55 979 000 * Capitale : Addis-Abeba

**GAMBIE**
Population : 989 300 * Capitale : Banjul

**GHANA**
Population : 17 763 000 * Capitale : Accra

**GUINÉE**
Population : 6 549 000 * Capitale : Conakry

**GUINÉE-BISSAU**
Population : 1 125 000 * Capitale : Bissau

**GUINÉE ÉQUATORIALE**
Population : 420 300 * Capitale : Malabo

**LIBERIA**
Population : 3 073 000 * Capitale : Monrovia

**LIBYE**
Population : 5 248 000 * Capitale : Tripoli

**MALI**
Population : 9 375 000 * Capitale : Bamako

**MAROC**
Population : 29 169 000 * Capitale : Rabat

**MAURITANIE**
Population : 2 263 000 * Capitale : Nouakchott

**NIGER**
Population : 9 280 000 * Capitale : Niamey

**NIGERIA**
Population : 101 232 000 * Capitale : Abuja

**RÉPUBLIQUE CENTRAFRICAINE**
Population : 3 210 000 * Capitale : Bangui

**SÉNÉGAL**
Population : 9 007 000 * Capitale : Dakar

**SIERRA LEONE**
Population : 4 753 000 * Capitale : Freetown

**SOMALIE**
Population : 7 348 000 * Capitale : Mogadiscio

**SOUDAN**
Population : 30 120 000 * Capitale : Khartoum

**TCHAD**
Population : 5 587 000 * Capitale : N'Djamena

**TOGO**
Population : 4 410 000 * Capitale : Lomé

**TUNISIE**
Population : 8 880 000 * Capitale : Tunis

**Autruche**
Plus grand oiseau du monde, l'autruche est incapable de voler mais peut courir à 65 km/h.

## ◆ *Idée : fabriquer une* khamsa ◆

La *khamsa* est un porte-bonheur marocain en forme de main droite. Des doigts allongés sont censés repousser le mauvais sort ; des doigts écartés sont supposés porter chance. La *khamsa* peut être portée en pendentif, mais tu peux l'accrocher à la porte de ta maison ou de ta chambre.

❶ Trace le contour de ta main posée sur un carton et découpe-le en suivant le trait.

❷ Colles-y pièces, boutons et formes diverses découpées dans du papier décoratif.

❸ Quand tu es satisfait de ta réalisation, laisse sécher la colle, enfiles-y un cordon, puis suspends-la à ta porte. Pour faire un pendentif, fabrique un petit modèle.

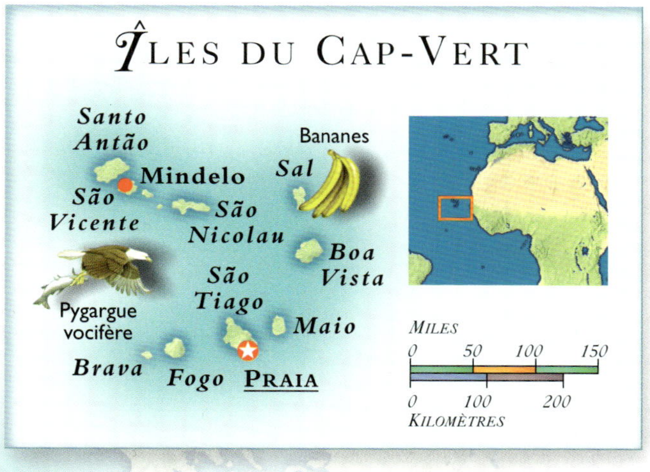

**Homme Bororo**

Au Niger, les Bororo organisent des concours de beauté… pour hommes ! Maquillés et vêtus de leurs plus beaux atours, ils sont jugés par des femmes.

**Les pyramides de Gizeh**

Construites il y a environ 4 500 ans, les pyramides étaient les tombeaux des pharaons égyptiens. La plus grande est constituée de 2 millions de blocs de pierre.

# Afrique : le Sud

Au nord-ouest de cette région, le fleuve Congo et ses nombreux affluents traversent d'immenses forêts tropicales pluviales. Les cours d'eau sont le domaine des crocodiles, et les forêts denses celui des chimpanzés, des gorilles et des oiseaux tropicaux. La plupart des habitants vivent dans des villages situés près des rivières et cultivent des lopins défrichés. Les forêts pluviales s'étendent en direction de la Grande Vallée du Rift, spectaculaire chapelet de fossés escarpés. Dans ces fossés se trouvent nombre de lacs profonds et de volcans, dont le mont Kilimandjaro, le plus haut sommet d'Afrique. Au fond de ces fossés et sur les plateaux herbeux qui les environnent, des troupeaux de zèbres, de gnous et d'antilopes sont chassés par les lions, guépards et autres prédateurs. Afin de protéger la faune et la flore de ces régions, de nombreux États ont créé des réserves naturelles qui attirent les touristes du monde entier. De l'extrémité sud de la vallée du Rift au Mozambique, une steppe herbeuse, appelée veld, s'étend à l'ouest vers les déserts du Kalahari et du Namib. En Afrique du Sud, le veld est une importante région agricole, riche en ressources minières dont le cuivre, l'or et les diamants. Au large de la côte du Mozambique se trouve Madagascar, la quatrième plus grande île du monde. Elle est célèbre pour sa faune unique au monde, qui compte de nombreuses espèces de lémuriens.

**AFRIQUE DU SUD**
Population : 45 095 000 * Capitales : Bloemfontein, Le Cap, Pretoria

**ANGOLA**
Population : 10 070 000 * Capitale : Luanda

**BOTSWANA**
Population : 1 392 000 * Capitale : Gaborone

**BURUNDI**
Population : 6 262 000 * Capitale : Bujumbura

**ARCHIPEL DES COMORES**
Population : 549 300 * Capitale : Moroni

**CONGO**
Population : 2 505 000 * Capitale : Brazzaville

**GABON**
Population : 1 156 000 * Capitale : Libreville

**KENYA**
Population : 28 817 000 * Capitale : Nairobi

**LESOTHO**
Population : 1 993 000 * Capitale : Maseru

**MADAGASCAR**
Population : 13 862 000 * Capitale : Antananarivo

**MALAWI**
Population : 9 808 000 * Capitale : Lilongwe

**ÎLE MAURICE**
Population : 1 127 000 * Capitale : Port Louis

**MOZAMBIQUE**
Population : 18 115 000 * Capitale : Maputo

**NAMIBIE**
Population : 1 652 000 * Capitale : Windhoek

**OUGANDA**
Population : 19 573 000 * Capitale : Kampala

**RÉPUBLIQUE DÉMOCRATIQUE DU CONGO (EX-ZAÏRE)**
Population : 44 061 000 * Capitale : Kinshasa

**RWANDA**
Population : 8 605 000 * Capitale : Kigali

**SÃO TOMÉ ET PRÍNCIPE**
Population : 140 400 * Capitale : São Tomé

**SEYCHELLES**
Population : 72 700 * Capitale : Victoria

**SWAZILAND**
Population : 967 000 * Capitale : Mbabane

**TANZANIE**
Population : 28 701 000 * Capitales : Dar es-Salaam, Dodoma

**ZAMBIE**
Population : 9 446 000 * Capitale : Lusaka

**ZIMBABWE**
Population : 11 140 000 * Capitale : Harare

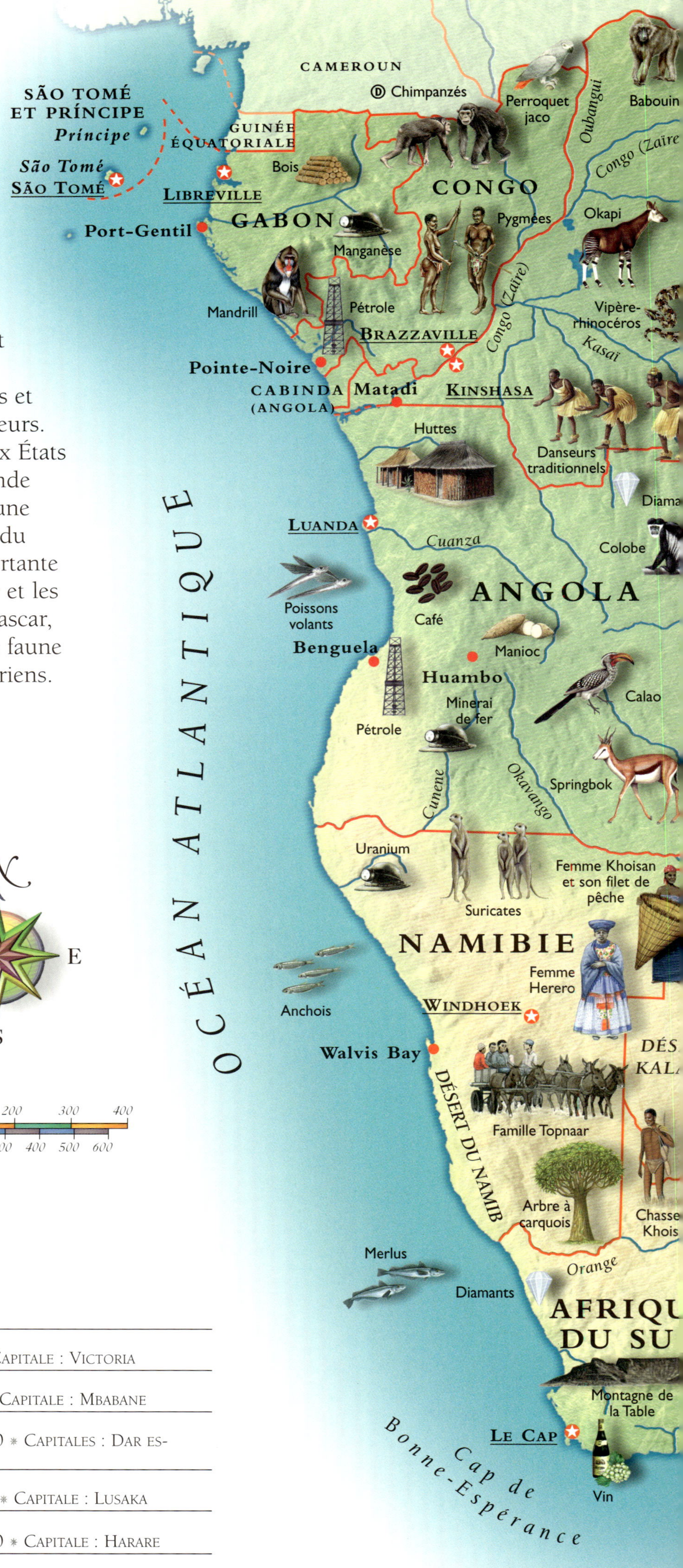

## LE SAIS-TU ?

Sur une courte distance, le guépard est l'animal le plus rapide au monde. Quand il poursuit sa proie (un gnou ou une antilope, par exemple) à travers la savane, il peut atteindre des vitesses supérieures à 100 km/h.

**GIRAFES**

Les girafes grandissent jusqu'à atteindre 6 m de haut (plus qu'une maison d'un étage !). Elles peuvent ainsi se nourrir de feuilles que les autres animaux ne peuvent atteindre.

**ZOULOUS**

L'ethnie zouloue est la plus importante de toute l'Afrique. Au XIXe siècle, son royaume couvrait une superficie plus vaste que celle de l'actuelle Afrique du Sud.

# Australie et Océanie

S'étendant de l'océan Indien au centre de l'océan Pacifique, l'Australie et l'Océanie couvrent une vaste zone du globe. Mais l'océan est prépondérant dans cette région, qui est donc assez peu peuplée. L'Australie est la plus grande masse de terre ; cette île est si vaste qu'on la considère comme un continent. L'Océanie est formée de milliers d'îlots éparpillés dans l'océan Pacifique, à l'est de l'Australie. On les divise en trois groupes : Micronésie, Mélanésie, Polynésie, qui inclut les grandes îles de Nouvelle-Zélande. Il y a deux principaux types d'îles du Pacifique : les îles hautes et accidentées sont les sommets de volcans sous-marins et de chaînes montagneuses submergées ; les atolls coralliens sont des îles basses et sableuses construites par les récifs de corail formés au sommet de montagnes sous-marines. Certaines de ces îles sont si petites qu'elles n'apparaissent pas sur les cartes ordinaires.

## Principaux sommets et fleuves

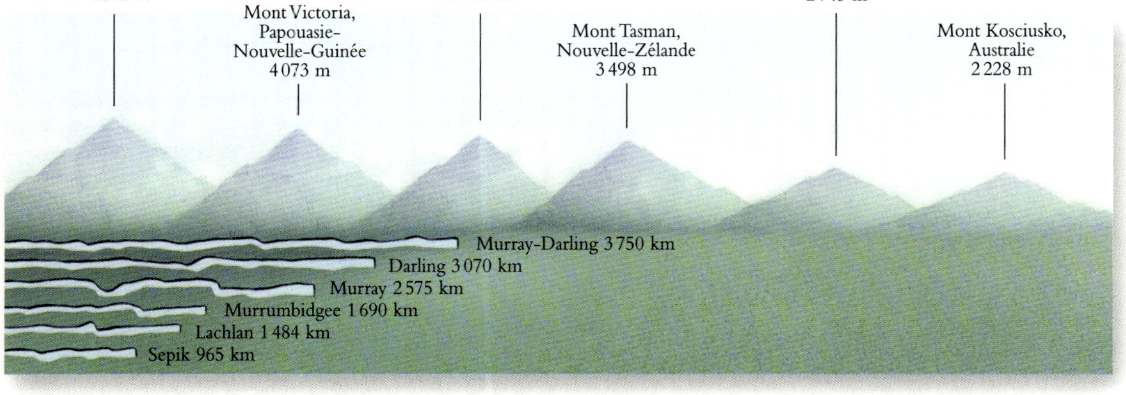


## Carte politique

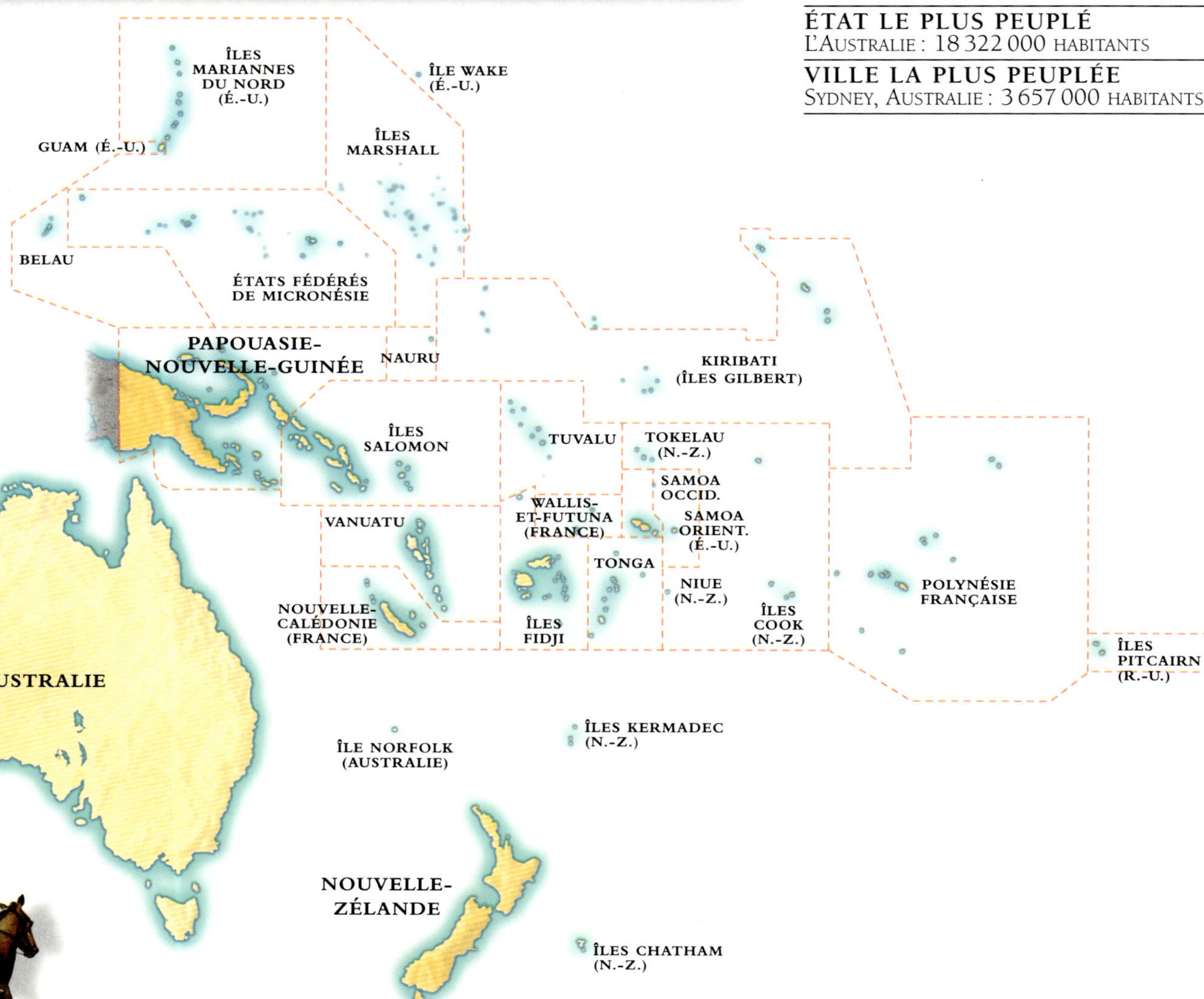


## Le continent

**Superficie :** 8 507 753 km²
**Population :** 28 462 000 habitants
**États indépendants :** Australie, Belau, îles Fidji, États fédérés de Micronésie, Kiribati, îles Marshall, Nauru, Nouvelle-Zélande, Papouasie-Nouvelle-Guinée, îles Salomon, Samoa occidentales, Tonga, Tuvalu, Vanuatu

## Records du monde

**Plus long récif de corail**
Les récifs de la Grande Barrière, Australie : 2 025 km

**Plus grand rocher**
Ayers Rock (Uluru), Australie : 348 m de haut, 2,5 km de long, 1,6 km de large

**Plus grande île sableuse**
L'île Fraser, Australie : 120 km de long

## Records du continent

**Plus haut sommet**
Le mont Wilhelm, Papouasie-Nouvelle-Guinée : 4 500 m

**Point le plus bas**
Le lac Eyre, Australie : 16 m en dessous du niveau de la mer

**Plus grand lac**
Le lac Eyre, Australie : 9 324 km²

**Plus long fleuve**
Le Murray-Darling, Australie : 3 750 km

**État le plus vaste**
L'Australie : 7 686 884 km²

**État le plus peuplé**
L'Australie : 18 322 000 habitants

**Ville la plus peuplée**
Sydney, Australie : 3 657 000 habitants

# Carte physique

# Australie et Papouasie-Nouvelle-Guinée

L'Australie est aussi vaste que les États-Unis sans l'Alaska, mais elle est moins peuplée que le Texas. L'immense intérieur aride, surnommé l'Outback, comprend surtout des déserts, des savanes épineuses, des réserves minières. Il sert de pâturage à d'innombrables moutons et bovins, mais peu de gens y vivent. La plupart des Australiens habitent dans ou près des villes, le long des côtes est, sud-est et sud-ouest, régions tempérées et fertiles. Le nord-est de l'Australie connaît un climat et une vététation tropicaux, avec des zones de forêt dense. Le Sud-Est est plus froid, et les montagnes enneigées n'y sont pas rares. La plupart des peuples indigènes australiens, les Aborigènes, vivent en ville, mais quelques-uns suivent encore la tradition dans l'Outback. Les Aborigènes sont venus en Australie il y a plus de 40 000 ans à partir de la Nouvelle-Guinée, à l'époque où cette île était reliée à l'Australie. La Papouasie-Nouvelle-Guinée, territoire australien jusqu'en 1975, est formée de plusieurs chaînes insulaires. Elle est couverte de jungle et bordée de plaines marécageuses. On y trouve surtout des villages, où les gens vivent de leurs jardins potagers et de leurs animaux. Ayant peu de contacts avec le monde extérieur, ces communautés ont conservé leurs traditions et leur langue. La Papouasie-Nouvelle-Guinée possède plus de 700 langues, plus qu'aucun autre pays au monde.

**AUSTRALIE**
Population : 18 322 000 * Capitale : Canberra

**PAPOUASIE-NOUVELLE-GUINÉE**
Population : 4 295 000 * Capitale : Port Moresby

**Danseur traditionnel**
En Papouasie-Nouvelle-Guinée, les tribus locales organisent des festivals de danse et de chant appelés *sing-sings*. À cette occasion les membres de la tribu portent des coiffes et se peignent le corps et le visage.

 *Voir aussi la page 118*

## ✦ IDÉE : *un boomerang* ✦

Certains boomerangs sont utilisés comme armes de chasse par les Aborigènes ; d'autres, lancés pour s'amuser, sont conçus pour revenir vers le lanceur. Les boomerangs traditionnels sont faits d'une lame de bois courbée, mais tu peux en fabriquer un avec du caoutchouc-mousse.

1. Découpe deux bandes de 4 cm de large dans le caoutchouc-mousse.
2. Utilise les bandes pour faire un X, puis incurve une bande vers le haut et l'autre vers le bas. Agrafe-les ensemble.
3. Maintenant tu n'as plus qu'à t'exercer à lancer ton boomerang.

## ✦ LE SAIS-TU ? ✦

La Grande Barrière de corail, qui s'étend sur 2 025 km au large de la côte nord-est de l'Australie, est la plus grande structure vivante du monde. Les astronautes ont même pu l'apercevoir de la Lune !

**KANGOUROU ROUX**

Les kangourous sont tellement conformés pour le saut qu'ils ne peuvent plus marcher longtemps ! Le kangourou roux, le plus grand de ces marsupiaux, peut faire des bonds de 12 m.

# Nouvelle-Zélande et sud-ouest du Pacifique

Disséminées dans l'immense étendue océanique et très éloignées les unes des autres, les îles du sud-ouest du Pacifique sont parmi les contrées les plus isolées du globe. L'ensemble le plus vaste et le plus méridional est la Nouvelle-Zélande, constituée de deux grandes îles (l'île du Nord et l'île du Sud) et de plusieurs îles plus petites. La Nouvelle-Zélande est un pays moderne, industrialisé. Environ 70 % de la population vit dans l'île du Nord, qui compte plusieurs volcans actifs. Le lac Taupo, le plus grand du pays, se loge dans un cratère formé lors de l'explosion d'un volcan. Les volcans voisins, le Ruapehu et le Ngauruhoe, ont récemment connu plusieurs éruptions. Les Alpes néo-zélandaises forment l'« épine dorsale » de l'île du Sud. Sur leur versant occidental, des forêts pluviales tempérées ont poussé tout autour d'une ligne de puissants glaciers dévalant vers la côte.
Plus de la moitié de la Nouvelle-Zélande est consacrée aux cultures et aux pâturages des moutons. Les premiers habitants, le peuple Maori, forment le sixième de la population. La plupart des autres Néo-Zélandais sont les descendants d'immigrants britanniques. Des milliers d'îles tropicales s'étendent au nord et à l'est de la Nouvelle-Zélande. Le tourisme est une industrie en plein essor dans les îles Fidji et Vanuatu, par exemple. Quelques îles ont développé des villes autour des affaires, mais la plupart des insulaires vivent dans de petits villages. Ils pêchent (crabes, homards, tortues ou thons) et cultivent (patates douces, bananiers…). Le produit le plus exporté est le coprah, tiré de la noix de coco et servant à fabriquer du savon et des bougies.

| | |
|---|---|
| **Îles Fidji** | Population : 772 900 * Capitale : Suva |
| **Nouvelle-Zélande** | Population : 3 407 000 * Capitale : Wellington |
| **Îles Salomon** | Population : 399 200 * Capitale : Honiara |
| **Samoa occidentales** | Population : 209 400 * Capitale : Apia |
| **Tonga** | Population : 105 600 * Capitale : Nuku'alofa |
| **Vanuatu** | Population : 173 600 * Capitale : Port-Vila |

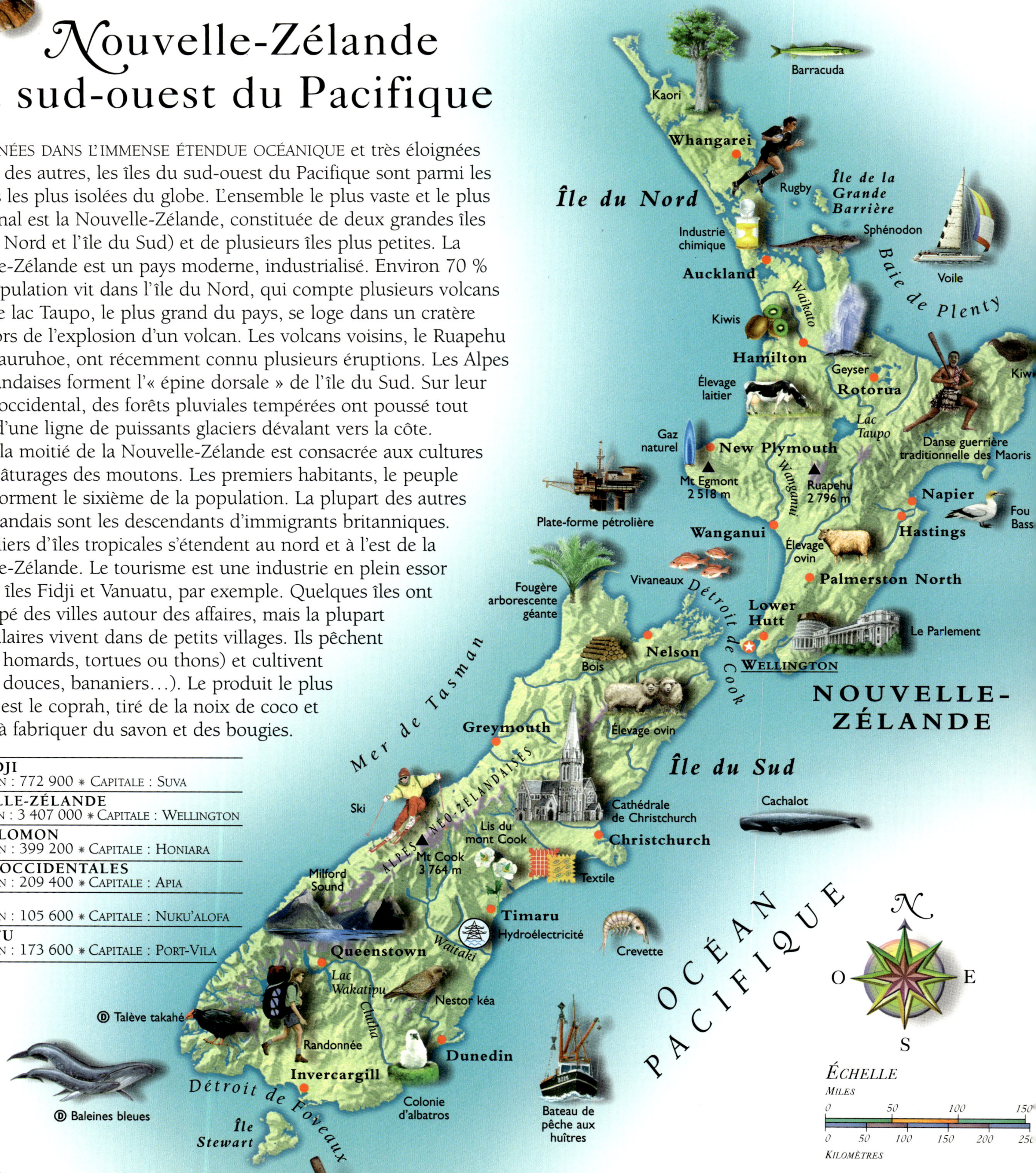

**Danse guerrière des Maoris**
Avant de partir au combat, les guerriers maoris exécutaient une danse de guerre appelée *haka*. Durant cette danse, ils se donnaient l'air le plus effrayant possible.

**Requin-baleine**
Ce requin inoffensif est le plus grand poisson existant. Il nage la gueule grande ouverte pour attraper sa nourriture : du plancton et des petits poissons.

 Voir aussi les pages 118–119

## ÎLES SALOMON

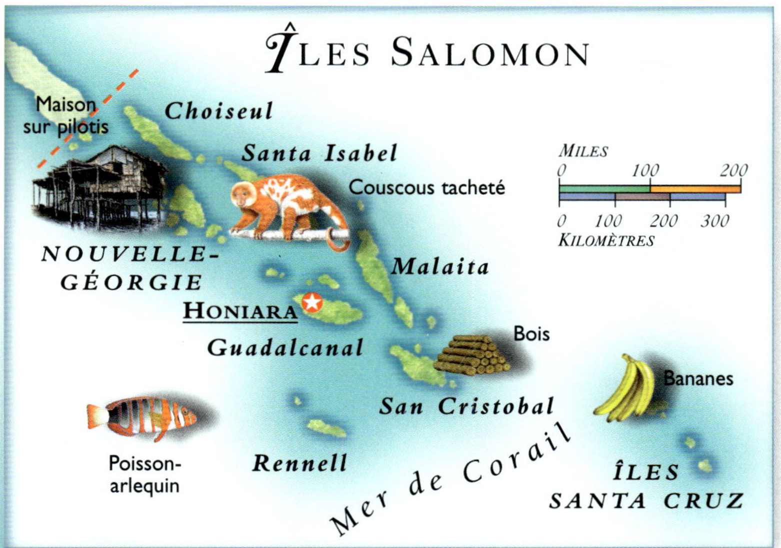


## ÎLES SAMOA

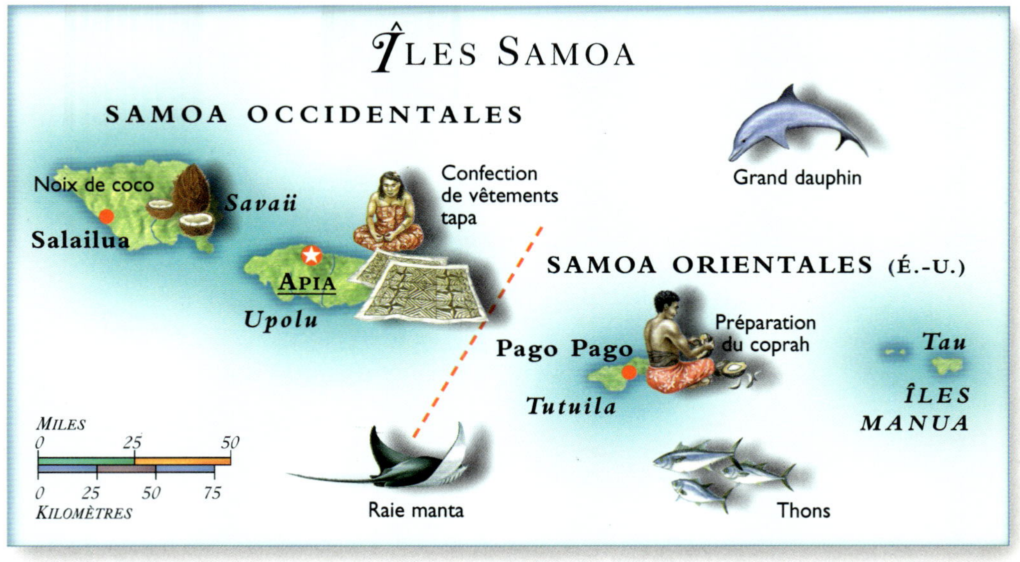


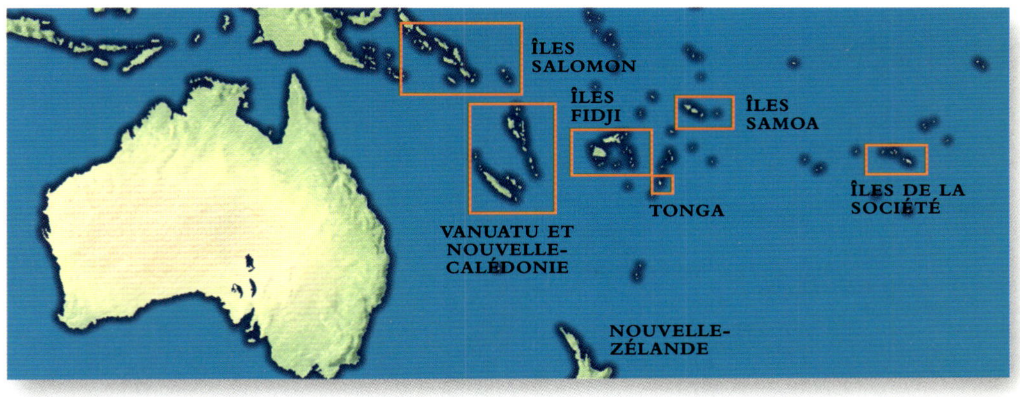


## VANUATU ET NOUVELLE-CALÉDONIE

## ÎLES FIDJI

LOCALISATION

## TONGA

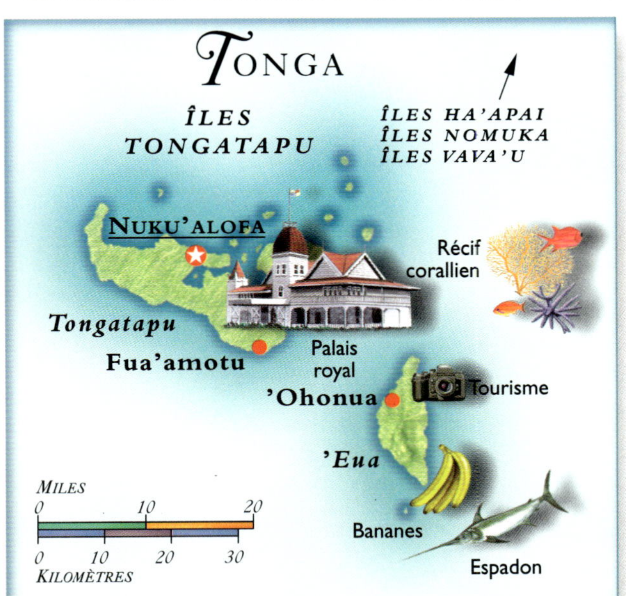


## ÎLES DE LA SOCIÉTÉ

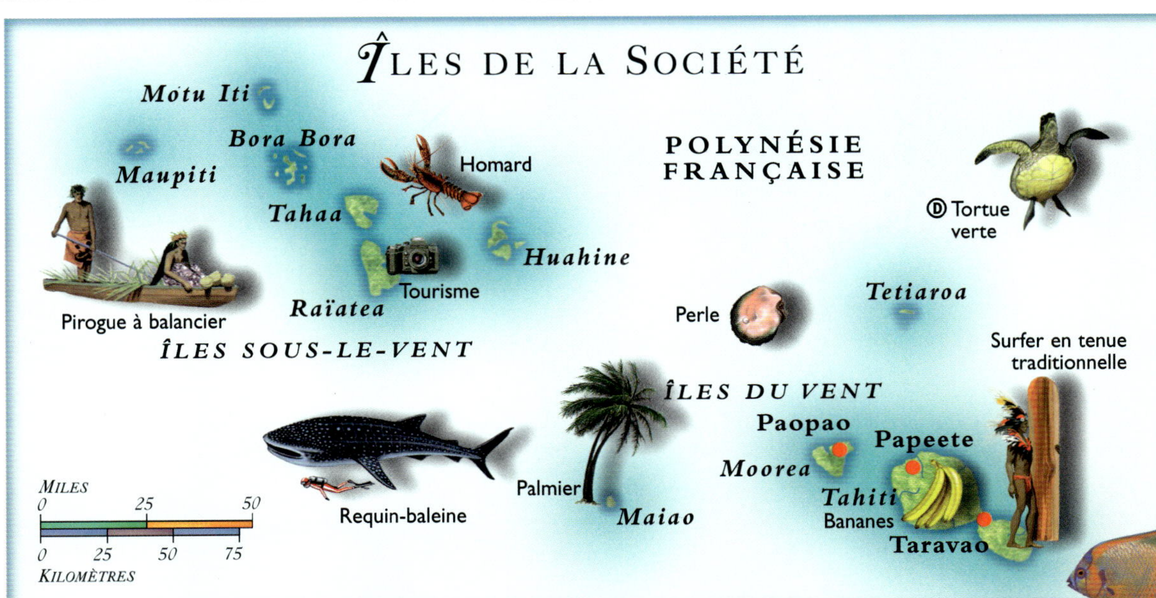

# Régions polaires

Les régions qui entourent le pôle Nord et le pôle Sud sont les plus froides et les plus venteuses de notre planète. Elles sont en permanence couvertes de neige et de glace, et, durant l'hiver, il y a peu ou pas de lumière solaire. L'Antarctique est un continent gelé environné d'océans. L'Arctique est une zone océanique gelée entourée de continents. En hiver, la glace de l'Arctique progresse vers le sud, atteignant l'Amérique du Nord, l'Europe et l'Asie. Les peuples de l'Arctique, Lapons (*Samet*) de Scandinavie et Inuit du Canada, de l'Alaska, du Groenland et de Russie, se sont adaptés aux conditions de vie. Territoire danois, le Groenland est la plus grande île du monde, recouverte en quasi-totalité d'une épaisse couche de glace. L'Antarctique est le seul continent inhabité. Seuls des scientifiques y passent une partie de l'année dans des stations de recherche. Le continent antarctique est recouvert d'une épaisse calotte glaciaire (3 000 m en certains endroits). Le long de la côte, celle-ci forme d'énormes plaques à la surface de l'océan. En se fragmentant, la croûte de glace donne naissance à des icebergs. Sur le continent antarctique, la vie est presque absente, mais baleines, phoques et poissons abondent à proximité du littoral et, l'été, d'innombrables oiseaux de mer nichent en colonies le long des côtes et au voisinage des îles.

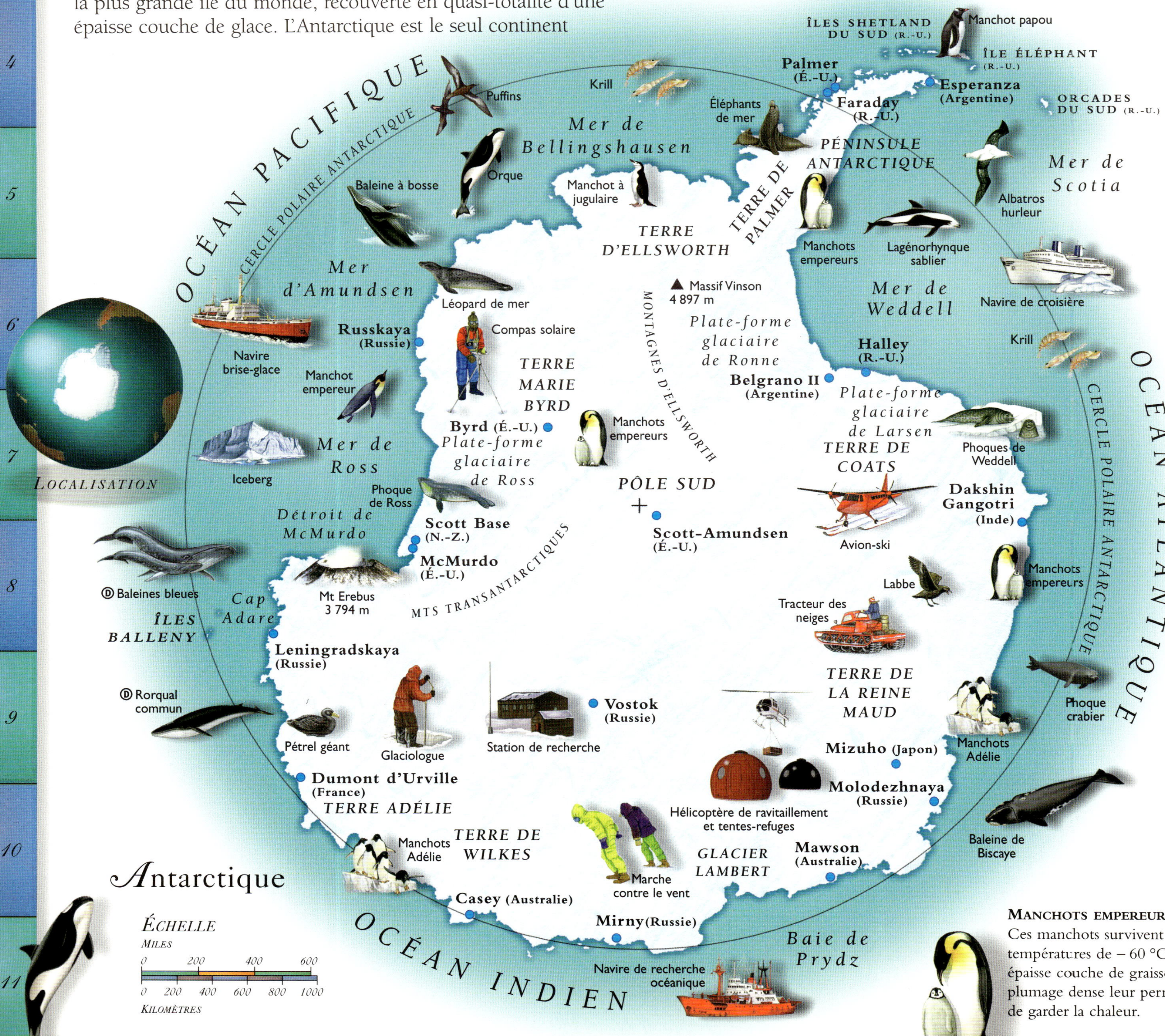


**Manchots empereurs**
Ces manchots survivent à des températures de – 60 °C. Une épaisse couche de graisse et un plumage dense leur permettent de garder la chaleur.

# Arctique

Localisation

## ◆ Cherche ◆

- Cite 4 espèces de manchots vivant dans l'Antarctique.
- Quels minerais sont extraits de l'île Banks, au Canada ?
- Quelle espèce de baleine vit dans la mer de Barents ?

**Chasseur tchouktche**
Traditionnellement, les Tchouktches chassaient les phoques, les morses et les baleines sur leurs kayaks, avec des harpons à pointe d'ivoire. De nos jours, la plupart se servent de fusils et de bateaux à moteur.

**Caribou**
D'importants troupeaux de caribous errent dans la toundra à la recherche de nourriture. Grâce à leurs gros sabots, ils ne s'enfoncent pas dans la neige et peuvent ainsi la creuser pour y trouver plantes et lichens.

# Données clés

## Amérique du Nord et centrale

### Canada

**Superficie :** 9 970 610 km²
**Population :** 29 963 000
**Capitale :** Ottawa
**Monnaie :** 100 cents = 1 dollar canadien (CAD)
**Langues officielles :** anglais, français
**Religion principale :** christianisme 72 %
**Exportations :** céréales et autres produits alimentaires, papier, pâte de bois, carton, bois de construction, minerais, pétrole brut, machines, gaz naturel, aluminium, moteurs et pièces détachées de voitures, matériel de télécommunications

### États-Unis

**Superficie :** 9 375 720 km²
**Population :** 263 814 000
**Capitale :** Washington, D. C.
**Monnaie :** 100 cents = 1 dollar des États-Unis (USD)
**Langue officielle :** anglais
**Autre langue :** espagnol
**Religions principales :** christianisme 86 %, judaïsme 2 %
**Exportations :** automobiles et autres véhicules, matières premières, biens de consommation, produits agricoles

### Mexique

**Superficie :** 1 972 544 km²
**Population :** 93 986 000
**Capitale :** Mexico
**Monnaie :** 100 centavos = 1 peso mexicain (MXN)
**Langue officielle :** espagnol
**Autres langues :** langues indiennes
**Religion principale :** christianisme 95 %
**Exportations :** pétrole brut, produits pétroliers, café, argent, machines, automobiles et autres véhicules, coton, matériel électronique

### Guatemala

**Superficie :** 108 889 km²
**Population :** 10 999 000
**Capitale :** Guatemala
**Monnaie :** 100 centavos = 1 quetzal (GTQ)
**Langue officielle :** espagnol
**Autres langues :** 21 langues d'origine maya et 2 non mayas (le xinka et le garifuna)
**Religions principales :** christianisme 99 %, religions de tradition maya
**Exportations :** café, bananes, coton, sucre, minerais, textiles

### Belize

**Superficie :** 22 966 km²
**Population :** 214 100
**Capitale :** Belmopan
**Monnaie :** 100 cents = 1 dollar de Belize (BZD)
**Langue officielle :** anglais
**Autres langues :** espagnol, langues mayas, créole
**Religion principale :** christianisme 92 %
**Exportations :** sucre, mélasse, agrumes, bananes, vêtements, conserves de poisson, bois de construction

### Honduras

**Superficie :** 112 087 km²
**Population :** 5 460 000
**Capitale :** Tegucigalpa
**Monnaie :** 100 centavos = 1 lempira (HNL)
**Langue officielle :** espagnol
**Autres langues :** langues indiennes
**Religion principale :** christianisme 97 %
**Exportations :** bananes, café, fruits de mer (crevettes, homards, langoustes), autres produits alimentaires, bois de construction, minerais

### Salvador

**Superficie :** 21 393 km²
**Population :** 5 870 000
**Capitale :** San Salvador
**Monnaie :** 100 centavos = 1 colón de salvadorien (SVC)
**Langue officielle :** espagnol
**Autre langue :** nahuatl
**Religion principale :** christianisme 92 %
**Exportations :** café, canne à sucre, crevettes, coton, vêtements, textiles, produits chimiques

### Nicaragua

**Superficie :** 128 410 km²
**Population :** 4 206 000
**Capitale :** Managua
**Monnaie :** 100 centavos = 1 córdoba oro (NIO)
**Langue officielle :** espagnol
**Autres langues :** anglais, langues indiennes
**Religion principale :** christianisme 100 %
**Exportations :** viande, café, coton, sucre, bananes, fruits de mer, poisson, or, produits chimiques

### Costa Rica

**Superficie :** 50 899 km²
**Population :** 3 419 000
**Capitale :** San José
**Monnaie :** 100 céntimos = 1 colón costaricain (CRC)
**Langue officielle :** espagnol
**Autre langue :** anglais
**Religion principale :** christianisme 95 %
**Exportations :** café, bananes, sucre, viande, textiles

### Panamá

**Superficie :** 77 177 km²
**Population :** 2 681 000
**Capitale :** Panamá
**Monnaie :** 100 centésimos = 1 balboa (PAB)
**Langue officielle :** espagnol
**Autres langues :** anglais, langues indigènes

### Petit lexique

**Superficie :** *étendue du territoire d'un pays, exprimée en kilomètres carrés (km²). 1 km² équivaut à un carré de 1 km de côté.*
**Population :** *ensemble des habitants d'un pays. Leur nombre est établi grâce au recensement, inventaire qui est plus ou moins fiable et régulier selon les pays.*
**Capitale :** *ville où siège le gouvernement d'un pays. Elle est également souvent un pôle économique, culturel et social important.*
**Monnaie :** *pièce (ou billet) émise par un État et servant aux échanges commerciaux, aux paiements, à l'épargne. Pour chaque État sont indiqués ici : la ou les monnaies divisionnaires (divisions de l'unité monétaire), l'unité monétaire et son symbole international.*
**Langue officielle :** *langue choisie par un pays pour être utilisée sur les papiers administratifs, les panneaux de signalisation…*
**Religion principale :** *religion pratiquée par le plus grand nombre d'habitants d'un pays.*
**Exportations :** *marchandises vendues par un pays à un autre pays.*

**RELIGION PRINCIPALE** : christianisme 100 %
**EXPORTATIONS** : bananes, crevettes, sucre, café, fruits de mer (crevettes, homards), vêtements

## BAHAMAS

**SUPERFICIE** : 13 950 $km^2$
**POPULATION** : 256 600
**CAPITALE** : Nassau
**MONNAIE** : 100 cents = 1 dollar des Bahamas (BSD)
**LANGUE OFFICIELLE** : anglais
**AUTRE LANGUE** : créole des Bahamas
**RELIGION PRINCIPALE** : christianisme 95 %
**EXPORTATIONS** : produits pharmaceutiques, ciment, rhum, fruits de mer (dont langoustes), produits pétroliers raffinés

## CUBA

**SUPERFICIE** : 110 862 $km^2$
**POPULATION** : 10 938 000
**CAPITALE** : La Havane
**MONNAIE** : 100 centavos = 1 peso cubain (CUP)
**LANGUE OFFICIELLE** : espagnol
**RELIGION PRINCIPALE** : christianisme 85 %
**EXPORTATIONS** : sucre, produits de la pêche (poissons et fruits de mer), agrumes et légumes, café, tabac (cigares), nickel, produits pharmaceutiques

## JAMAÏQUE

**SUPERFICIE** : 11 580 $km^2$
**POPULATION** : 2 574 000
**CAPITALE** : Kingston
**MONNAIE** : 100 cents = 1 dollar de la Jamaïque (JMD)
**LANGUE OFFICIELLE** : anglais
**AUTRE LANGUE** : créole de la Jamaïque
**RELIGION PRINCIPALE** : christianisme 61 %
**EXPORTATIONS** : bauxite, alumine, sucre, bananes, rhum

## HAÏTI

**SUPERFICIE** : 27 749 $km^2$
**POPULATION** : 6 540 000
**CAPITALE** : Port-au-Prince
**MONNAIE** : 100 centimes = 1 gourde (HTG)
**LANGUE OFFICIELLE** : français
**AUTRE LANGUE** : créole haïtien
**RELIGION PRINCIPALE** : christianisme 96 %
**EXPORTATIONS** : produits manufacturés, vêtements, café, sucre, bauxite

## RÉPUBLIQUE DOMINICAINE

**SUPERFICIE** : 48 322 $km^2$
**POPULATION** : 7 511 000
**CAPITALE** : Saint-Domingue
**MONNAIE** : 100 centavos = 1 peso dominicain (DOP)
**LANGUE OFFICIELLE** : espagnol
**RELIGION PRINCIPALE** : christianisme 95 %
**EXPORTATIONS** : minerais (ferronickel), sucre, mélasse, café, cacao

## ANTIGUA-ET-BARBUDA

**SUPERFICIE** : 443 $km^2$
**POPULATION** : 65 200
**CAPITALE** : Saint John's
**MONNAIE** : 100 cents = 1 dollar des Caraïbes orientales (XCD)
**LANGUE OFFICIELLE** : anglais
**AUTRE LANGUE** : patois français
**RELIGIONS PRINCIPALES** : christianisme 97 %, religions indigènes 3 %
**EXPORTATIONS** : produits pétroliers, produits manufacturés, textiles, machines et équipements de transport, produits chimiques, produits alimentaires et bétail

## SAINT-KITTS-ET-NEVIS

**SUPERFICIE** : 269 $km^2$
**POPULATION** : 41 000
**CAPITALE** : Basseterre
**MONNAIE** : 100 cents = 1 dollar des Caraïbes orientales (XCD)
**LANGUE OFFICIELLE** : anglais
**RELIGION PRINCIPALE** : christianisme 86 %
**EXPORTATIONS** : machines et équipements de transport, produits alimentaires, boissons, électronique, tabac

## DOMINIQUE

**SUPERFICIE** : 749 $km^2$
**POPULATION** : 82 600
**CAPITALE** : Roseau
**MONNAIE** : 100 cents = 1 dollar des Caraïbes orientales (XCD)
**LANGUE OFFICIELLE** : anglais
**AUTRES LANGUES** : français, créole martiniquais
**RELIGION PRINCIPALE** : christianisme 92 %
**EXPORTATIONS** : bananes, pamplemousses, oranges, légumes, savon, épices, huile de coprah, produits chimiques

## SAINTE-LUCIE

**SUPERFICIE** : 616 $km^2$
**POPULATION** : 156 100
**CAPITALE** : Castries
**MONNAIE** : 100 cents = 1 dollar des Caraïbes orientales (XCD)
**LANGUE OFFICIELLE** : anglais
**AUTRE LANGUE** : patois français
**RELIGION PRINCIPALE** : christianisme 100 %
**EXPORTATIONS** : bananes, vêtements, cacao, fruits et légumes, huile de coco, papier, boîtes de carton

## BARBADE

**SUPERFICIE** : 430 $km^2$
**POPULATION** : 256 400
**CAPITALE** : Bridgetown
**MONNAIE** : 100 cents = 1 dollar de la Barbade (BBD)
**LANGUE OFFICIELLE** : anglais
**AUTRE LANGUE** : créole de la Barbade
**RELIGION PRINCIPALE** : christianisme 71 %
**EXPORTATIONS** : sucre, mélasse, rhum, autres produits alimentaires et boissons, produits chimiques, composants électriques, vêtements

## SAINT-VINCENT ET-LES GRENADINES

**SUPERFICIE** : 389 $km^2$
**POPULATION** : 117 300
**CAPITALE** : Kingstown
**MONNAIE** : 100 cents = 1 dollar des Caraïbes orientales (XCD)
**LANGUE OFFICIELLE** : anglais
**AUTRE LANGUE** : patois français
**RELIGION PRINCIPALE** : christianisme 75 %
**EXPORTATIONS** : bananes, patates douces, épices, rhum

## GRENADE

**SUPERFICIE** : 344 $km^2$
**POPULATION** : 94 500
**CAPITALE** : Saint George's
**MONNAIE** : 100 cents = 1 dollar des Caraïbes orientales (XCD)
**LANGUE OFFICIELLE** : anglais
**AUTRE LANGUE** : patois français
**RELIGION PRINCIPALE** : christianisme 85 %
**EXPORTATIONS** : bananes, cacao, condiments (dont noix muscade, macis), fruits et légumes, vêtements

## TRINITÉ-ET-TOBAGO

**SUPERFICIE** : 5 128 $km^2$
**POPULATION** : 1 271 000
**CAPITALE** : Port of Spain
**MONNAIE** : 100 cents = 1 dollar de Trinité-et-Tobago (TTD)
**LANGUE OFFICIELLE** : anglais
**AUTRES LANGUES** : hindi, français, espagnol
**RELIGIONS PRINCIPALES** : christianisme 60 %, hindouisme 24 %, islam 6 %
**EXPORTATIONS** : pétrole et produits pétroliers, produits chimiques, produits sidérurgiques, engrais, sucre, cacao, café, agrumes, fleurs

# AMÉRIQUE DU SUD

## COLOMBIE
**SUPERFICIE** : 1 138 914 km²
**POPULATION** : 36 200 000
**CAPITALE** : Bogotá
**MONNAIE** : 100 centavos = 1 peso colombien (COP)
**LANGUE OFFICIELLE** : espagnol
**RELIGION PRINCIPALE** : christianisme 95 %
**EXPORTATIONS** : pétrole et produits dérivés, café, charbon, ferronickel, bananes, fleurs, textiles et vêtements

## VENEZUELA
**SUPERFICIE** : 912 050 km²
**POPULATION** : 21 005 000
**CAPITALE** : Caracas
**MONNAIE** : 100 céntimos = 1 bolívar (VEB)
**LANGUE OFFICIELLE** : espagnol
**AUTRES LANGUES** : langues indigènes
**RELIGION PRINCIPALE** : christianisme 98 %
**EXPORTATIONS** : pétrole, bauxite et aluminium, acier, produits chimiques, produits agricoles, produits manufacturés, produits alimentaires, équipements de transport

## GUYANA
**SUPERFICIE** : 214 970 km²
**POPULATION** : 723 800
**CAPITALE** : Georgetown
**MONNAIE** : 100 cents = 1 dollar de Guyana (GYD)
**LANGUE OFFICIELLE** : anglais
**AUTRES LANGUES** : hindi, ourdou, créole et dialectes amérindiens
**RELIGIONS PRINCIPALES** : christianisme 57 %, hindouisme 33 %, islam 9 %
**EXPORTATIONS** : sucre, mélasse, bauxite, alumine, riz, crevettes

## SURINAM
**SUPERFICIE** : 163 820 km²
**POPULATION** : 429 500
**CAPITALE** : Paramaribo
**MONNAIE** : 100 cents = 1 florin du Surinam (SRG)
**LANGUE OFFICIELLE** : néerlandais
**AUTRES LANGUES** : anglais, espagnol, sranang tongo, chinois, javanais, hindi
**RELIGIONS PRINCIPALES** : christianisme 48 %, hindouisme 27 %, islam 20 %, religions indigènes 5 %
**EXPORTATIONS** : alumine, aluminium, bauxite, crevettes, riz, bananes

## ÉQUATEUR
**SUPERFICIE** : 283 561 km²
**POPULATION** : 10 891 000
**CAPITALE** : Quito
**MONNAIE** : 100 centavos = 1 sucre (ESC)
**LANGUE OFFICIELLE** : espagnol
**AUTRES LANGUES** : quechua, autres langues indigènes
**RELIGION PRINCIPALE** : christianisme 95 %
**EXPORTATIONS** : pétrole brut, bananes (1er exportateur mondial), produits de la pêche (crevettes et conserves de poisson), cacao et produits dérivés, café

## PÉROU
**SUPERFICIE** : 1 285 216 km²
**POPULATION** : 24 087 000
**CAPITALE** : Lima
**MONNAIE** : 100 céntimos = 1 nouveau sol (PEN)
**LANGUE OFFICIELLE** : espagnol
**AUTRES LANGUES** : aymara, quechua
**RELIGION PRINCIPALE** : christianisme 90 %
**EXPORTATIONS** : minerai de fer, cuivre, zinc, pétrole et produits pétroliers, plomb, argent raffiné, café, coton, poisson

## BRÉSIL
**SUPERFICIE** : 8 506 663 km²
**POPULATION** : 160 737 000
**CAPITALE** : Brasília
**MONNAIE** : 100 centavos = 1 real (BRL)
**LANGUE OFFICIELLE** : portugais
**AUTRES LANGUES** : espagnol, anglais, français
**RELIGION PRINCIPALE** : christianisme 96 %
**EXPORTATIONS** : minerai de fer, soja, bananes, jus d'orange, chaussures, café, cacao, armes, équipements de transport

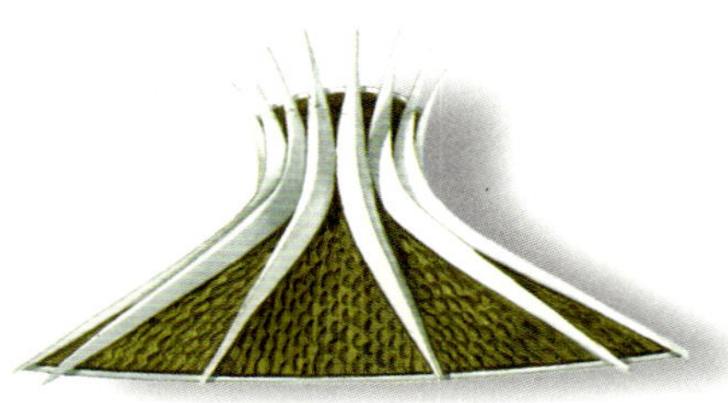

## BOLIVIE
**SUPERFICIE** : 1 098 581 km²
**POPULATION** : 7 896 000
**CAPITALES** : La Paz (siège du gouvernement), Sucre (capitale constitutionnelle)
**MONNAIE** : 100 centavos = 1 boliviano (BOB)
**LANGUE OFFICIELLE** : espagnol
**AUTRES LANGUES** : quechua, aymara
**RELIGION PRINCIPALE** : christianisme 100 %
**EXPORTATIONS** : matières premières, étain, gaz naturel, soja et autres produits alimentaires, bijoux, bois de construction

## CHILI
**SUPERFICIE** : 756 946 km²
**POPULATION** : 14 161 000
**CAPITALE** : Santiago
**MONNAIE** : 100 centavos = 1 peso chilien (CLP)
**LANGUE OFFICIELLE** : espagnol
**AUTRES LANGUES** : langues indigènes
**RELIGION PRINCIPALE** : christianisme 99 %
**EXPORTATIONS** : cuivre, autres métaux et minerais, bois de construction, papier et pâte à papier, poisson et conserves de poisson, fruits, vin, produits manufacturés

## PARAGUAY
**SUPERFICIE** : 406 741 km²
**POPULATION** : 5 358 000
**CAPITALE** : Asunción
**MONNAIE** : 100 céntimos = 1 guaraní (PYG)
**LANGUE OFFICIELLE** : espagnol
**AUTRE LANGUE** : guarani
**RELIGION PRINCIPALE** : christianisme 97 %
**EXPORTATIONS** : fibre de coton, soja, bois de construction, produits manufacturés, huiles végétales, viande bovine et produits dérivés, cuirs et peaux, café, tabac, fruits et légumes

## ARGENTINE
**SUPERFICIE** : 2 776 884 km²
**POPULATION** : 34 293 000
**CAPITALE** : Buenos Aires
**MONNAIE** : 100 centavos = 1 peso argentin (ARS)
**LANGUE OFFICIELLE** : espagnol
**AUTRES LANGUES** : anglais, italien, allemand, français
**RELIGIONS PRINCIPALES** : christianisme 94 %, judaïsme 2 %
**EXPORTATIONS** : produits manufacturés de base, viande et bétail, blé, maïs, oléagineux et huiles végétales

## URUGUAY
**SUPERFICIE** : 176 221 km²
**POPULATION** : 3 223 000
**CAPITALE** : Montevideo
**MONNAIE** : 100 centésimos = 1 nouveau peso uruguayen (UYU)
**LANGUE OFFICIELLE** : espagnol
**RELIGIONS PRINCIPALES** : christianisme 68 %, judaïsme 2 %
**EXPORTATIONS** : laine, textiles, viande (principalement bovine et ovine), cuir, riz

# Europe

## Royaume-Uni

**Superficie** : 244 110 $km^2$
**Population** : 58 295 000
**Capitale** : Londres
**Monnaie** : 100 pence = 1 livre sterling (GBP)
**Langue officielle** : anglais
**Autres langues** : gallois, gaéliques écossais et irlandais
**Religions principales** : christianisme 90 %, islam 3 %, sikhisme 1 %, hindouisme 1 %, judaïsme 1 %
**Exportations** : produits manufacturés, machines et équipements de transport, pétrole brut et produits pétroliers raffinés, produits chimiques, produits alimentaires, textiles

## République d'Irlande

**Superficie** : 68 894 $km^2$
**Population** : 3 550 000
**Capitale** : Dublin
**Monnaie** : 100 pence = 1 livre irlandaise (IEP)
**Langues officielles** : anglais, irlandais (gaélique)
**Religion principale** : christianisme 96 %
**Exportations** : produits chimiques, matériel informatique, machines industrielles et équipements de transport, produits manufacturés, bétail, viande et produits laitiers

## Portugal

**Superficie** : 91 642 $km^2$
**Population** : 10 562 000
**Capitale** : Lisbonne
**Monnaie** : 100 centavos = 1 escudo (PTE)
**Langue officielle** : portugais
**Religion principale** : christianisme 98 %
**Exportations** : textiles, vêtements, chaussures, machines-outils, équipements de transport, matières premières, liège, papier, cuirs, sardines, vin

## Espagne

**Superficie** : 504 742 $km^2$
**Population** : 39 404 000
**Capitale** : Madrid
**Monnaie** : 100 céntimos = 1 peseta (ESP)
**Langue officielle** : espagnol (castillan)
**Autres langues** : catalan, galicien, basque
**Religion principale** : christianisme 99 %
**Exportations** : automobiles et autres véhicules, produits manufacturés, produits alimentaires (dont huile d'olive et vin), machines

## Andorre

**Superficie** : 482 $km^2$
**Population** : 65 800
**Capitale** : Andorre-la-Vieille
**Monnaie** : franc français (FRF) ou peseta (ESP)
**Langue officielle** : catalan
**Autres langues** : français, espagnol (castillan)
**Religion principale** : christianisme 95 %
**Exportations** : électricité, tabac, meubles

## France

**Superficie** : 551 458 $km^2$
**Population** : 58 109 000
**Capitale** : Paris
**Monnaie** : 100 centimes = 1 franc français (FRF)
**Langue officielle** : français
**Autres langues** : occitan, alsacien, breton, catalan, corse, provençal, arabe
**Religions principales** : christianisme 92 %, judaïsme 1 %, islam 1 %
**Exportations** : machines, équipements électriques, automobiles (pièces et équipements), produits chimiques, produits alimentaires, produits agricoles (dont vin et céréales), fer et acier, textiles, vêtements de luxe, parfums

## Monaco

**Superficie** : 1,5 $km^2$
**Population** : 31 500
**Capitale** : Monaco
**Monnaie** : 100 centimes = 1 franc français (FRF)
**Langue officielle** : français
**Autres langues** : anglais, italien, monégasque
**Religion principale** : christianisme 95 %
**Exportations** : produits pharmaceutiques, parfums, vêtements

## Pays-Bas

**Superficie** : 41 525 $km^2$
**Population** : 15 453 000
**Capitales** : Amsterdam ; La Haye (siège des pouvoirs publics et de la Cour)
**Monnaie** : 100 cents = 1 florin (NLG)
**Langue officielle** : néerlandais
**Religions principales** : christianisme 70 %, islam 3 %
**Exportations** : fer et acier, produits chimiques, produits alimentaires, tabac, produits agricoles, gaz naturel, électronique

## Belgique

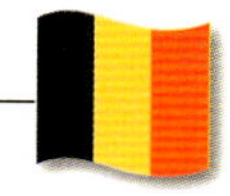

**Superficie** : 30 513 $km^2$
**Population** : 10 082 000
**Capitale** : Bruxelles
**Monnaie** : 100 centimes = 1 franc belge (BEF)
**Langues officielles** : néerlandais (flamand), français (wallon), allemand
**Religion principale** : christianisme 100 %
**Exportations** : métaux, équipements de transport, tracteurs, diamants taillés, produits chimiques, matériel photographique (pellicules, radiographies)

## Luxembourg

**Superficie** : 2 587 $km^2$
**Population** : 404 700
**Capitale** : Luxembourg
**Monnaie** : 100 centimes = 1 franc luxembourgeois (LUF)
**Langues officielles** : luxembourgeois, allemand, français
**Autre langue** : anglais
**Religions principales** : christianisme 99 %, judaïsme 1 %
**Exportations** : fonte, acier, produits chimiques, biens d'équipement

## Allemagne

**Superficie** : 356 734 $km^2$
**Population** : 81 338 000
**Capitale** : Berlin
**Monnaie** : 100 Pfennige = 1 Deutsche Mark (DEM)
**Langue officielle** : allemand
**Religion principale** : christianisme 82 %
**Exportations** : machines et machines-outils, produits chimiques, automobiles et autres véhicules, fer et acier, produits agricoles, matières premières, biens d'équipement, instruments de précision

## Suisse

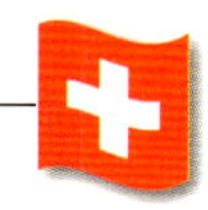

**Superficie** : 41 287 $km^2$
**Population** : 7 085 000
**Capitale** : Berne
**Monnaie** : 100 centimes = 1 franc suisse (CHF)
**Langues officielles** : allemand, français, italien, romanche
**Religion principale** : christianisme 92%
**Exportations** : machines, horlogerie, produits chimiques et pharmaceutiques, produits alimentaires, textiles

## Liechtenstein

**Superficie** : 161 $km^2$
**Population** : 30 700
**Capitale** : Vaduz
**Monnaie** : franc suisse (CHF)
**Langue officielle** : allemand
**Religion principale** : christianisme 95 %
**Exportations** : machines, prothèses dentaires, timbres, matériel d'optique et électronique, produits pharmaceutiques

## Autriche

**Superficie** : 83 851 km²
**Population** : 7 987 000
**Capitale** : Vienne
**Monnaie** : 100 Groschen = 1 Schilling (ATS)
**Langue officielle** : allemand
**Religion principale** : christianisme 91 %
**Exportations** : produits transformés, machines et moyens de transport, équipements électriques, fer et acier, bois de charpente, textiles, papier carton, produits chimiques, produits alimentaires

## Italie

**Superficie** : 301 251 km²
**Population** : 58 262 000
**Capitale** : Rome
**Monnaie** : 100 centesimi = 1 lire italienne (ITL)
**Langue officielle** : italien
**Autres langues** : allemand, français, slovène
**Religion principale** : christianisme 98 %
**Exportations** : métaux, chaussures, textiles, vêtements, machines, automobiles, matériel de transport, produits chimiques, produits manufacturés (mobilier, électroménager...), produits alimentaires (dont agrumes), vin

## Saint-Marin

**Superficie** : 62 km²
**Population** : 24 300
**Capitale** : Saint-Marin
**Monnaie** : lire italienne (ITL)
**Langue officielle** : italien
**Religion principale** : christianisme 95 %
**Exportations** : pierre de construction, chaux, bois de construction, châtaignes, blé, vin, produits artisanaux, cuirs, céramiques

## Cité du Vatican

**Superficie** : 0,44 km²
**Population** : 830
**Capitale** : Cité du Vatican
**Monnaie** : lire vaticane ou lire italienne (ITL)
**Langues officielles** : italien, latin
**Religion principale** : christianisme 100 %
**Exportations** : aucune

## Malte
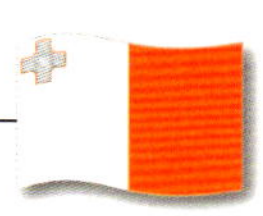

**Superficie** : 316 km²
**Population** : 369 600
**Capitale** : La Valette
**Monnaie** : 100 cents = 1 livre maltaise (MTL)
**Langues officielles** : maltais, anglais
**Religion principale** : christianisme 98 %
**Exportations** : machines-outils, navires, vêtements, chaussures, imprimés

## Slovénie

**Superficie** : 20 251 km²
**Population** : 2 052 000
**Capitale** : Ljubljana
**Monnaie** : 100 stojin = 1 tolar (SIT)
**Langue officielle** : slovène
**Autre langue** : serbo-croate
**Religions principales** : christianisme 96 %, islam 1 %
**Exportations** : aluminium, bois, automobiles, meubles, machines, produits manufacturés, produits chimiques, textiles, produits alimentaires

## Croatie

**Superficie** : 56 537 km²
**Population** : 4 666 000
**Capitale** : Zagreb
**Monnaie** : 100 lipa = 1 kuna (HRK)
**Langue officielle** : croate
**Religions principales** : christianisme 88 %, islam 1 %
**Exportations** : machines, équipements de transport, produits manufacturés, produits chimiques, produits alimentaires, bétail, matières premières, carburants et lubrifiants

## Bosnie-Herzégovine

**Superficie** : 51 750 km²
**Population** : 3 202 000
**Capitale** : Sarajevo
**Monnaie** : 100 paras = 1 dinar
**Langue officielle** : serbo-croate
**Autre langue** : bosniaque
**Religion principale** : christianisme 50 %, islam 40 %
**Exportations** : bois de construction, meubles

## Yougoslavie

**Superficie** : 102 173 km²
**Population** : 11 102 000
**Capitale** : Belgrade
**Monnaie** : 100 paras = 1 dinar (YUN)
**Langue officielle** : serbo-croate
**Autres langues** : albanais, hongrois
**Religions principales** : christianisme 70 %, islam 19 %
**Exportations** : textiles, maroquinerie, machines

## Roumanie
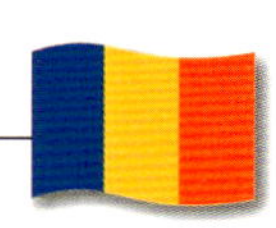

**Superficie** : 237 500 km²
**Population** : 23 198 000
**Capitale** : Bucarest
**Monnaie** : 100 bani = 1 leu roumain (ROL)
**Langue officielle** : roumain
**Autres langues** : hongrois, allemand
**Religion principale** : christianisme 82 %
**Exportations** : métaux, minerais, textiles, équipements électriques, équipements de transport

## Bulgarie
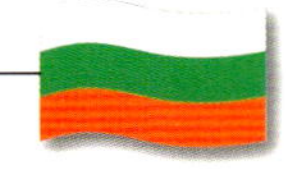

**Superficie** : 110 912 km²
**Population** : 8 775 000
**Capitale** : Sofia
**Monnaie** : 100 stotinki = 1 lev (BGL)
**Langue officielle** : bulgare
**Religions principales** : christianisme 85 %, islam 13 %, judaïsme 1 %
**Exportations** : biens d'équipement, moyens de transport, produits agricoles, alcools, tabac, cuirs, textiles, produits manufacturés, carburants, minerais, matières premières, métaux

## Albanie

**Superficie** : 28 749 km²
**Population** : 3 414 000
**Capitale** : Tirana
**Monnaie** : 100 qindarka = 1 lek (ALL)
**Langue officielle** : albanais
**Autre langue** : grec
**Religions principales** : islam 70 %, christianisme 30 %
**Exportations** : asphalte, métaux non ferreux, chrome, cuivre, électricité, pétrole brut, fruits et légumes, tabac

## Macédoine

**Superficie** : 25 714 km²
**Population** : 2 160 000
**Capitale** : Skopje
**Monnaie** : 100 deni = 1 denar (MKD)
**Langue officielle** : macédonien
**Autres langues** : albanais, turc, serbo-croate
**Religions principales** : christianisme 67 %, islam 30 %
**Exportations** : produits manufacturés, machines et équipements de transport, matières premières, produits alimentaires, bétail, boissons, tabac, produits chimiques

## Grèce

**Superficie** : 131 945 km²
**Population** : 10 648 000
**Capitale** : Athènes
**Monnaie** : 100 lepta = 1 drachme (GRD)
**Langue officielle** : grec
**Autres langues** : anglais, français
**Religion principale** : christianisme 98 %
**Exportations** : produits manufacturés, aluminium, fruits et légumes, coton, huile d'olive, tabac

## Estonie

**Superficie** : 45 100 km²
**Population** : 1 625 000
**Capitale** : Tallinn
**Monnaie** : 100 senti = 1 couronne estonienne (EEK)
**Langue officielle** : estonien
**Autres langues** : letton, lituanien, russe
**Religion principale** : christianisme 100 %
**Exportations** : textiles, produits alimentaires, machines agricoles, métaux

## Lettonie

**Superficie :** 63 701 km²
**Population :** 2 763 000
**Capitale :** Riga
**Monnaie :** 100 santimi = 1 lats (LVL)
**Langue officielle :** letton
**Autres langues :** lituanien, russe
**Religion principale :** christianisme 100 %
**Exportations :** bois de construction, métaux et dérivés, produits laitiers, meubles, textiles, vêtements, machines, produits chimiques, produits alimentaires

## Lituanie

**Superficie :** 65 201 km²
**Population :** 3 876 000
**Capitale :** Vilnius
**Monnaie :** 100 centas = 1 litas (LTL)
**Langue officielle :** lituanien
**Autres langues :** polonais, russe
**Religion principale :** christianisme 100 %
**Exportations :** matériel électronique, produits pétroliers, produits alimentaires, produits chimiques, électricité, équipements de transport, métaux

## Biélorussie

**Superficie :** 207 599 km²
**Population :** 10 437 000
**Capitale :** Minsk
**Monnaie :** rouble biélorusse (BYB)
**Langue officielle :** biélorusse
**Autre langue :** russe
**Religion principale :** christianisme 68 %
**Exportations :** machines et équipements de transport, produits chimiques, produits agricoles et agroalimentaires, textiles et vêtements

## Pologne

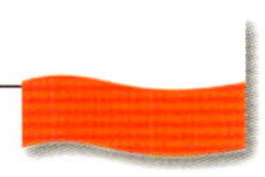

**Superficie :** 312 758 km²
**Population :** 38 792 000
**Capitale :** Varsovie
**Monnaie :** 100 groszy = 1 złoty (PLZ)
**Langue officielle :** polonais
**Religion principale :** christianisme 95 %
**Exportations :** charbon, cuivre, machines et équipements de transport, biens d'équipement, produits manufacturés, produits alimentaires, carburants

## République tchèque

**Superficie :** 78 866 km²
**Population :** 10 433 000
**Capitale :** Prague
**Monnaie :** 100 haléřů = 1 couronne tchèque (CZK)
**Langue officielle :** tchèque
**Autre langue :** slovaque
**Religion principale :** christianisme 47 %
**Exportations :** produits manufacturés, machines et équipements de transport, produits chimiques, carburants, minerais, métaux, produits agricoles, automobiles

## Slovaquie

**Superficie :** 49 011 km²
**Population :** 5 432 000
**Capitale :** Bratislava
**Monnaie :** 100 haléřů = 1 couronne slovaque (SKK)
**Langue officielle :** slovaque
**Autre langue :** hongrois
**Religion principale :** christianisme 72 %
**Exportations :** machines et équipements de transport, produits chimiques, carburants, minerais et métaux, produits agricoles

## Ukraine

**Superficie :** 603 701 km²
**Population :** 51 868 000
**Capitale :** Kiev
**Monnaie :** hryvnia (UAH)
**Langue officielle :** ukrainien
**Autres langues :** russe, roumain, polonais, hongrois
**Religions principales :** christianisme 90 %, judaïsme 2 %
**Exportations :** houille, électricité, métaux ferreux, produits chimiques, machines et équipements de transport, produits alimentaires et animaux vivants

## Hongrie

**Superficie :** 93 030 km²
**Population :** 10 319 000
**Capitale :** Budapest
**Monnaie :** 100 fillér = 1 forint (HUF)
**Langue officielle :** hongrois
**Religion principale :** christianisme 92 %
**Exportations :** matières premières (métaux), biens d'équipement, équipements de transport (véhicules industriels), produits manufacturés, produits pharmaceutiques, produits alimentaires, produits agricoles (primeurs), carburants

## Moldavie

**Superficie :** 33 701 km²
**Population :** 4 490 000
**Capitale :** Chişinău
**Monnaie :** 100 bani = 1 leu moldave (MDL)
**Langue officielle :** moldave
**Autres langues :** russe, gagaouze
**Religions principales :** christianisme 99 %, judaïsme 1 %
**Exportations :** produits alimentaires, vin, tabac, textiles, chaussures, machines, produits chimiques

## Islande

**Superficie :** 102 828 km²
**Population :** 266 000
**Capitale :** Reykjavík
**Monnaie :** 100 aurar = 1 couronne islandaise (ISK)
**Langue officielle :** islandais
**Religion principale :** christianisme 99 %
**Exportations :** poisson et conserves de poisson, laine, huile de morue, peaux de mouton, silicium ferreux

## Norvège

**Superficie :** 400 906 km²
**Population :** 4 331 000
**Capitale :** Oslo
**Monnaie :** 100 öre = 1 couronne norvégienne (NOK)
**Langue officielle :** norvégien
**Autres langues :** lapon, finlandais
**Religion principale :** christianisme 91 %
**Exportations :** pétrole et produits pétroliers, acier et aluminium, gaz naturel, poisson et conserves de poisson, navires, bois, pâte de bois

## Suède

**Superficie :** 449 792 km²
**Population :** 8 822 000
**Capitale :** Stockholm
**Monnaie :** 100 öre = 1 couronne suédoise (SEK)
**Langue officielle :** suédois
**Autres langues :** lapon, finlandais
**Religion principale :** christianisme 96 %
**Exportations :** biens d'équipement, cellulose, pâte de bois et bois, fer et acier, produits chimiques, pétrole et produits pétroliers, automobiles, navires

## Finlande

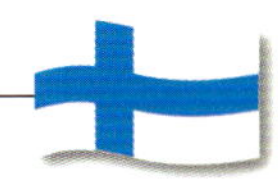

**Superficie :** 337 032 km²
**Population :** 5 085 000
**Capitale :** Helsinki
**Monnaie :** 100 pennia = 1 markka, ou mark finlandais (FIM)
**Langues officielles :** finnois, suédois
**Autres langues :** lapon, russe
**Religion principale :** christianisme 90 %
**Exportations :** papier, pâte de bois, cellulose, biens d'équipement, produits chimiques, métaux, bois de construction

## Danemark

**Superficie :** 43 069 km²
**Population :** 5 199 000
**Capitale :** Copenhague
**Monnaie :** 100 öre = 1 couronne danoise (DKK)
**Langue officielle :** danois
**Autres langues :** allemand, dialecte frison
**Religion principale :** christianisme 93 %
**Exportations :** viande et aliments pour le bétail, produits laitiers, équipements de transport, bateaux, poisson, produits chimiques, machines, vêtements

# Asie

## Russie
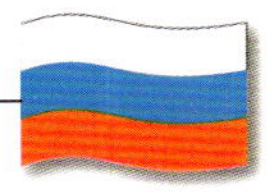

**Superficie :** 17 075 383 km²
**Population :** 149 909 000
**Capitale :** Moscou
**Monnaie :** 100 kopecks = 1 nouveau rouble russe (RUB)
**Langue officielle :** russe
**Religions principales :** christianisme 75 %, islam, bouddhisme
**Exportations :** pétrole et produits pétroliers, gaz naturel, bois de construction, pâte de bois, métaux, produits chimiques, produits manufacturés

## Turquie

**Superficie :** 780 574 km²
**Population :** 63 406 00
**Capitale :** Ankara
**Monnaie :** 100 kurus = 1 livre turque (TRL)
**Langue officielle :** turc
**Autres langues :** kurde, arabe
**Religion principale :** islam 99 %
**Exportations :** tissus de coton, produits alimentaires, fruits, minerais (chrome, manganèse, cuivre)

## Chypre

**Superficie :** 9 251 km²
**Population :** 736 600
**Capitale :** Nicosie
**Monnaie :** 1 000 mils = 100 cents = 1 livre cypriote (CYP)
**Langues officielles :** grec, turc
**Autre langue :** anglais
**Religions principales :** christianisme 78 %, islam 18 %
**Exportations :** agrumes, pommes de terre, raisin, vin, ciment, vêtements, chaussures

## Géorgie

**Superficie :** 69 699 km²
**Population :** 5 726 000
**Capitale :** Tbilissi
**Monnaie :** 100 tetri = 1 lari (GEL)
**Langue officielle :** géorgien
**Autres langues :** russe, arménien, azéri
**Religions principales :** christianisme 83 %, islam 11 %
**Exportations :** agrumes, thé, vin, machines, métaux, textiles, produits chimiques, pétrole réexporté

## Arménie

**Superficie :** 29 800 km²
**Population :** 3 557 000
**Capitale :** Erevan
**Monnaie :** dram (AMD)
**Langue officielle :** arménien
**Autre langue :** russe
**Religion principale :** christianisme 94 %
**Exportations :** or et bijoux, aluminium, équipements de transport, équipements électriques, produits métallurgiques, produits chimiques

## Azerbaïdjan

**Superficie :** 86 599 km²
**Population :** 7 790 000
**Capitale :** Bakou
**Monnaie :** 100 gopik = 1 manat d'Azerbaïdjan (AZM)
**Langue officielle :** azéri
**Autres langues :** russe, arménien
**Religions principales :** islam 94 %, christianisme 5 %
**Exportations :** pétrole, gaz naturel, produits chimiques, matériel de forage, textiles, coton

## Kazakhstan

**Superficie :** 2 715 097 km²
**Population :** 17 377 000
**Capitale :** Almaty (Alma-Ata)
**Monnaie :** 100 tyine = 1 tenge (KZT)
**Langue officielle :** kazakh
**Autre langue :** russe
**Religions principales :** islam 47 %, christianisme 46 %
**Exportations :** pétrole, métaux, produits chimiques, blé, laine, viande, houille

## Ouzbékistan

**Superficie :** 449 601 km²
**Population :** 23 089 000
**Capitale :** Tachkent
**Monnaie :** soum ouzbek (UZS)
**Langue officielle :** ouzbek
**Autres langues :** russe, tadjik
**Religions principales :** islam 88 %, christianisme 9 %
**Exportations :** coton, or, gaz naturel, engrais, métaux, textiles, produits alimentaires

## Turkménistan

**Superficie :** 488 098 km²
**Population :** 4 075 000
**Capitale :** Achkhabad
**Monnaie :** manat (TMM)
**Langue officielle :** turkmène
**Autres langues :** russe, ouzbek
**Religions principales :** islam 87 %, christianisme 11 %
**Exportations :** gaz naturel, coton, laine, produits pétroliers, électricité, textiles, tapis

## Kirghizistan

**Superficie :** 198 500 km²
**Population :** 4 770 000
**Capitale :** Bichkek
**Monnaie :** som (KGS)
**Langue officielle :** kirghiz
**Autre langue :** russe
**Religion principale :** islam 70 %
**Exportations :** laine, produits chimiques, coton, textiles, métaux, chaussures, machines, tabac, produits alimentaires

## Tadjikistan

**Superficie :** 143 100 km²
**Population :** 6 155 000
**Capitale :** Douchanbe
**Monnaie :** 100 kopecks = 1 rouble du Tadjikistan (TJR)
**Langue officielle :** tadjik
**Autre langue :** russe
**Religion principale :** islam 85 %
**Exportations :** coton, aluminium, fruits et légumes, textiles, essence de géranium

## Syrie

**Superficie :** 185 180 km²
**Population :** 15 452 000
**Capitale :** Damas
**Monnaie :** 100 piastres = 1 livre syrienne (SYP)
**Langue officielle :** arabe
**Autres langues :** kurde, arménien, araméen, circassien, français
**Religions principales :** islam 90 %, christianisme 10 %
**Exportations :** pétrole, textiles, coton, fruits et légumes, blé, orge, poulets

## IRAQ

**SUPERFICIE** : 437 521 km²
**POPULATION** : 20 644 000
**CAPITALE** : Bagdad
**MONNAIE** : 1 000 fils = 20 dirhams = 5 rial = 1 dinar iraquien (IQD)
**LANGUES OFFICIELLES** : arabe, kurde (dans les régions kurdes)
**AUTRES LANGUES** : assyrien, arménien
**RELIGIONS PRINCIPALES** : islam 97 %, christianisme 3 %
**EXPORTATIONS** : pétrole brut et produits pétroliers raffinés, engrais, matières plastiques

## IRAN

**SUPERFICIE** : 1 647 064 km²
**POPULATION** : 64 625 000
**CAPITALE** : Téhéran
**MONNAIE** : 100 dinars = 1 rial iranien (IRR)
**LANGUE OFFICIELLE** : farsi (persan)
**AUTRES LANGUES** : turc, kurde
**RELIGION PRINCIPALE** : islam 99 %
**EXPORTATIONS** : pétrole, méthane, gaz naturel, chromite, tapis, fruits, pistaches, peaux, caviar

## LIBAN

**SUPERFICIE** : 10 228 km²
**POPULATION** : 3 696 000
**CAPITALE** : Beyrouth
**MONNAIE** : 100 piastres = 1 livre libanaise (LBP)
**LANGUE OFFICIELLE** : arabe
**AUTRES LANGUES** : arménien, anglais, français
**RELIGIONS PRINCIPALES** : islam 70 %, christianisme 30 %
**EXPORTATIONS** : produits agricoles, produits chimiques, textiles, métaux, bijoux

## ISRAËL

**SUPERFICIE** : 20 699 km²
**POPULATION** : 5 433 000
**CAPITALE** : Jérusalem
**MONNAIE** : 100 agorot = 1 nouveau shekel (ILS)
**LANGUES OFFICIELLES** : hébreu, arabe
**AUTRE LANGUE** : anglais
**RELIGIONS PRINCIPALES** : judaïsme 82 %, islam 14 %, christianisme 2 %
**EXPORTATIONS** : machines, diamants taillés, produits chimiques, textiles, produits agricoles, métaux, électronique, armement

## JORDANIE

**SUPERFICIE** : 89 549 km²
**POPULATION** : 4 101 000
**CAPITALE** : Amman
**MONNAIE** : 1 000 fils = 1 dinar jordanien (JOD)
**LANGUE OFFICIELLE** : arabe
**AUTRE LANGUE** : anglais
**RELIGIONS PRINCIPALES** : islam 92 %, christianisme 8 %
**EXPORTATIONS** : phosphates, engrais, potasse, produits agricoles (fruits et légumes), bétail, produits manufacturés

## ARABIE SAOUDITE

**SUPERFICIE** : 2 240 350 km²
**POPULATION** : 18 730 000
**CAPITALE** : Riyad
**MONNAIE** : 100 halalas = 1 riyal saoudien (SAR)
**LANGUE OFFICIELLE** : arabe
**RELIGION PRINCIPALE** : islam 100 %
**EXPORTATIONS** : pétrole brut et produits pétroliers raffinés

## KOWEÏT

**SUPERFICIE** : 17 819 km²
**POPULATION** : 1 817 000
**CAPITALE** : Koweït
**MONNAIE** : 1 000 fils = 10 dirhams = 1 dinar koweïtien (KWD)
**LANGUE OFFICIELLE** : arabe
**AUTRE LANGUE** : anglais
**RELIGIONS PRINCIPALES** : islam 85 %, christianisme 8 %, hindouisme et parsi 2 %
**EXPORTATIONS** : pétrole

## BAHREÏN

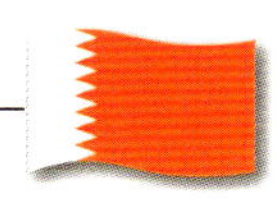

**SUPERFICIE** : 661 km²
**POPULATION** : 575 900
**CAPITALE** : Manāma
**MONNAIE** : 1 000 fils = 1 dinar de Bahreïn (BHD)
**LANGUE OFFICIELLE** : arabe
**AUTRES LANGUES** : anglais, persan
**RELIGION PRINCIPALE** : islam 100 %
**EXPORTATIONS** : pétrole et produits pétroliers, aluminium

## QATAR

**SUPERFICIE** : 11 395 km²
**POPULATION** : 533 900
**CAPITALE** : al-Dawha
**MONNAIE** : 100 dirhams = 1 riyal du Qatar (QAR)
**LANGUE OFFICIELLE** : arabe
**AUTRE LANGUE** : anglais
**RELIGION PRINCIPALE** : islam 95 %
**EXPORTATIONS** : produits pétroliers, acier, engrais

## ÉMIRATS ARABES UNIS

**SUPERFICIE** : 77 701 km²
**POPULATION** : 2 925 000
**CAPITALE** : Abu Dhabi
**MONNAIE** : 100 fils = 1 dirham (AED)
**LANGUE OFFICIELLE** : arabe
**AUTRES LANGUES** : persan, anglais, hindi, ourdou
**RELIGION PRINCIPALE** : islam 96 %
**EXPORTATIONS** : pétrole, gaz naturel, poisson séché, dattes

## OMAN

**SUPERFICIE** : 212 380 km²
**POPULATION** : 2 125 000
**CAPITALE** : Mascate
**MONNAIE** : 1 000 baizas = 1 rial omanais (OMR)
**LANGUE OFFICIELLE** : arabe
**AUTRES LANGUES** : anglais, langues indiennes
**RELIGIONS PRINCIPALES** : islam 86 %, hindouisme 13 %
**EXPORTATIONS** : pétrole, poisson, cuivre, textiles, citrons, dattes

## YÉMEN

**SUPERFICIE** : 527 969 km²
**POPULATION** : 14 728 000
**CAPITALE** : Sanaa
**MONNAIE** : 100 fils = 40 bugshas = 1 rial yéménite (YER)
**LANGUE OFFICIELLE** : arabe
**RELIGION PRINCIPALE** : islam 99 %
**EXPORTATIONS** : coton, café, peaux, légumes, poissons séchés et salés

## Afghanistan

**Superficie** : 649 507 km²
**Population** : 21 252 000
**Capitale** : Kaboul
**Monnaie** : 100 puls = 1 afghāni (AFA)
**Langues officielles** : pachto et dari (persan)
**Autres langues** : ouzbek, turkmène
**Religions principales** : islam 99 %, hindouisme et judaïsme 1 %
**Exportations** : fruits, sésame, tapis tissés main, laine, coton, peaux, pierres précieuses et semi-précieuses, gaz naturel

## Pakistan

**Superficie** : 803 944 km²
**Population** : 131 542 000
**Capitale** : Islāmābād
**Monnaie** : 100 paisa = 1 roupie pakistanaise (PKR)
**Langues officielles** : ourdou, anglais
**Autres langues** : pendjabi, sindhi, pachto, baloutche
**Religion principale** : islam 97 %
**Exportations** : coton, textiles, vêtements, riz, cuirs, tapis

## Inde

**Superficie** : 3 095 472 km²
**Population** : 936 546 000
**Capitale** : New Delhi
**Monnaie** : 100 paisé = 1 roupie indienne (INR)
**Langues officielles** : hindi, anglais
**Autres langues** : hindoustani, bengali, télougou, marathe, tamoul, ourdou, gujarati, malayalam, kannara, oriya, pendjabi, assamais, kashmiri, rajasthani, sindhi, sanskrit, bihari
**Religions principales** : hindouisme 80 %, islam 14 %, christianisme 3 %
**Exportations** : vêtements, pierres précieuses et bijoux, équipements industriels, produits chimiques, cuirs, coton filé, tissus

## Népal

**Superficie** : 140 798 km²
**Population** : 21 561 000
**Capitale** : Katmandou
**Monnaie** : 100 pice = 1 roupie népalaise (NPR)
**Langue officielle** : népalais
**Religions principales** : hindouisme 90 %, bouddhisme 5 %, islam 3 %
**Exportations** : tapis tissés main, vêtements, cuirs et articles en cuir, jute, tabac, objets artisanaux

## Bhoutan

**Superficie** : 41 440 km²
**Population** : 1 781 000
**Capitale** : Thimbu
**Monnaie** : 100 chetrums = 1 ngultrum (BTN) ; la roupie indienne est également légale au Bhoutan
**Langue officielle** : dzongkha (tibétain)
**Autres langues** : népalais, anglais
**Religions principales** : bouddhisme 75 %, hindouisme 25 %
**Exportations** : bois de construction, produits artisanaux, ciment, fruits, électricité, pierres précieuses, épices

## Bangladesh

**Superficie** : 142 776 km²
**Population** : 128 095 000
**Capitale** : Dacca
**Monnaie** : 100 paisa = 1 taka (BDT)
**Langue officielle** : bengali
**Autre langue** : anglais
**Religions principales** : islam 83 %, hindouisme 16 %, bouddhisme et christianisme 1 %
**Exportations** : vêtements, jute et produits dérivés, cuirs et peaux, thé, crevettes, grenouilles

## Maldives

**Superficie** : 298 km²
**Population** : 261 300
**Capitale** : Malé
**Monnaie** : 100 leris = 1 rufiyaa, ou roupie maldive (MVR)
**Langue officielle** : divehi (d'origine cinghalaise)
**Autre langue** : anglais
**Religion principale** : islam 100 %
**Exportations** : poisson, vêtements

## Sri Lanka (ex-Ceylan)

**Superficie** : 65 610 km²
**Population** : 18 343 000
**Capitale** : Colombo
**Monnaie** : 100 cents = 1 roupie de Sri Lanka (LKR)
**Langues officielles** : cinghalais, tamoul
**Autre langue** : anglais
**Religions principales** : bouddhisme 69 %, hindouisme 15 %, christianisme 8 %, islam 8 %
**Exportations** : textiles, thé, diamants et autres pierres précieuses, produits pétroliers, caoutchouc, produits agricoles, produits de la pêche

## Birmanie (ou Myanmar)

**Superficie** : 678 034 km²
**Population** : 45 104 000
**Capitale** : Yangon (Rangoon)
**Monnaie** : 100 pyas = 1 kyat (MMK)
**Langue officielle** : birman
**Religions principales** : bouddhisme 89 %, islam 4 %, christianisme 4 %
**Exportations** : légumineuses et haricots, riz, bois de construction

## Laos

**Superficie** : 236 799 km²
**Population** : 4 837 000
**Capitale** : Vientiane
**Monnaie** : 100 att = 1 kip (LAK)
**Langue officielle** : laotien
**Autres langues** : français, anglais
**Religions principales** : bouddhisme 60 %, animisme 34 %, christianisme 2 %
**Exportations** : électricité, bois et produits dérivés, café, étain, textiles

## Viêt Nam

**Superficie** : 337 912 km²
**Population** : 74 393 000
**Capitale** : Hanoi
**Monnaie** : 100 xu = 10 hào = 1 dông (VND)
**Langue officielle** : vietnamien
**Autres langues** : français, chinois, anglais, khmer, langues des minorités ethniques
**Religions principales** : bouddhisme 55 %, christianisme 7 %, taoïsme, caodaïsme, islam
**Exportations** : pétrole, produits agricoles (dont riz), produits de la pêche, café

## Thaïlande

**Superficie** : 513 998 km²
**Population** : 60 271 000
**Capitale** : Bangkok
**Monnaie** : 100 satang = 1 baht (THB)
**Langue officielle** : thaï
**Autres langues** : anglais, chinois, malais
**Religions principales** : bouddhisme 95 %, islam 4 %
**Exportations** : machines, produits manufacturés, produits agricoles, poisson

## Cambodge

**Superficie** : 181 036 km²
**Population** : 10 561 000
**Capitale** : Phnom Penh
**Monnaie** : 100 sen = 1 riel (KHR)
**Langue officielle** : khmer (cambodgien)
**Autre langue** : français
**Religions principales** : bouddhisme 95 %, islam 2 %
**Exportations** : bois de construction, caoutchouc, soja, sésame

## Malaisie (ou Malaysia)

**Superficie** : 333 403 km²
**Population** : 19 724 000
**Capitale** : Kuala Lumpur
**Monnaie** : 100 sen ou 100 cents = 1 ringgit ou 1 dollar de Malaisie (MYR)
**Langue officielle** : malais
**Autres langues** : anglais, chinois, tamoul, hakka, langues indigènes
**Religions principales** : islam 53 %, bouddhisme 17 %, confucianisme 12 %, christianisme 9 %, hindouisme 7 %
**Exportations** : matériel électronique, pétrole et produits pétroliers, huile de palme, bois exotique et pâte de bois, caoutchouc, textiles

## Philippines

**Superficie** : 299 536 km²
**Population** : 73 266 000
**Capitale** : Manille
**Monnaie** : 100 centavos = 1 peso philippin (PHP)
**Langues officielles** : tagal (philippin), anglais
**Autres langues** : langues indigènes
**Religions principales** : christianisme 92 %, islam 5 %, bouddhisme 3 %
**Exportations** : électronique, textiles, huile de coco, coprah, cuivre, poisson

## Singapour

**Superficie** : 583 km²
**Population** : 2 890 000
**Capitale** : Singapour
**Monnaie** : 100 cents = 1 dollar de Singapour (SGD)
**Langues officielles** : chinois, malais, tamoul, anglais
**Religions principales** : bouddhisme 28 %, islam 15 %, christianisme 13 %, taoïsme 13 %, hindouisme 5 %
**Exportations** : matériel informatique, caoutchouc et dérivés, produits pétroliers, matériel de télécommunications

## Brunei

**Superficie** : 5 765 km²
**Population** : 292 300
**Capitale** : Bandar Seri Begawan
**Monnaie** : 100 cents = 1 dollar de Brunei (BND)
**Langue officielle** : malais
**Autres langues** : anglais, chinois
**Religions principales** : islam 63 %, bouddhisme 14 %, christianisme 8 %, religions indigènes
**Exportations** : pétrole brut, gaz naturel liquide, produits pétroliers, machines et équipements de transport, produits manufacturés

## Indonésie

**Superficie** : 2 019 358 km²
**Population** : 203 584 000
**Capitale** : Djakarta
**Monnaie** : 100 sen = 1 rupiah (IDR)
**Langue officielle** : indonésien
**Autres langues** : anglais, néerlandais, javanais, malais, balinais, madurais et autres dialectes
**Religions principales** : islam 87 %, christianisme 9 %, hindouisme 2 %, bouddhisme 1 %
**Exportations** : produits manufacturés, pétrole, produits alimentaires, matières premières (bauxite, zinc, étain, nickel)

## Chine

**Superficie** : 9 583 000 km²
**Population** : 1 203 097 000
**Capitale** : Pékin (ou Beijing)
**Monnaie** : 100 fen = 10 jiao = 1 yuan (CNY)
**Langue officielle** : chinois mandarin
**Autres langues** : 8 dialectes (cantonais, de Shanghaï, de Fuzhou...)
**Religions principales** : taoïsme 20 %, bouddhisme 6 %
**Exportations** : textiles, vêtements, chaussures, jouets, machines et équipements de transport, armes, produits alimentaires

## Mongolie

**Superficie** : 1 565 000 km²
**Population** : 2 494 000
**Capitale** : Oulan-Bator
**Monnaie** : 100 mongo = 1 tugrik (MNT)
**Langue officielle** : khalkha (mongol)
**Autres langues** : turc, russe, chinois
**Religions principales** : bouddhisme 95 %, islam 4 %
**Exportations** : cuivre, bétail, viande pour animaux, cachemire, laine, peaux, métaux

## Corée du Nord

**Superficie** : 120 717 km²
**Population** : 23 487 000
**Capitale** : Pyongyang
**Monnaie** : 100 chon = 1 won de Corée du Nord (KPW)
**Langue officielle** : coréen
**Religions principales** : ch'ondogyo 15 %, bouddhisme 2 %, christianisme 1 %
**Exportations** : minerais, produits métallurgiques, produits agricoles et produits de la pêche, produits manufacturés, machines et équipements de transport

## Corée du Sud

**Superficie** : 98 477 km²
**Population** : 45 554 000
**Capitale** : Séoul
**Monnaie** : 100 chon = 1 won de Corée du Sud (KRW)
**Langue officielle** : coréen
**Autre langue** : anglais
**Religions principales** : christianisme 49 %, bouddhisme 47 %, confucianisme 3 %
**Exportations** : matériel électronique et électrique, machines, automobiles, bateaux, textiles, vêtements et accessoires, chaussures, poisson

## Taïwan

**Superficie** : 35 967 km²
**Population** : 21 501 000
**Capitale** : Taipei
**Monnaie** : 100 cents = 1 nouveau dollar de Taïwan (TWD)
**Langue officielle** : chinois mandarin
**Autres langues** : dialectes chinois (taïwanais, hakka...)
**Religions principales** : bouddhisme 43 %, taoïsme 21 %, christianisme 7 %, confucianisme
**Exportations** : machines électriques, matériel électronique, ordinateurs, textiles, chaussures, produits alimentaires, bois rares

## Japon

**Superficie** : 371 973 km²
**Population** : 125 506 000
**Capitale** : Tōkyō
**Monnaie** : 100 sen = 1 yen (JPY)
**Langue officielle** : japonais
**Religions principales** : shintoïsme et bouddhisme 84 %
**Exportations** : machines, automobiles et motos, matériel électronique, mécanique de précision, produits manufacturés, biens d'équipement, produits chimiques, fils, tissus

# Afrique

## Maroc

**Superficie** : 446 550 km²
**Population** : 29 169 000
**Capitale** : Rabat
**Monnaie** : 100 centimes = 1 dirham marocain (MAD)
**Langue officielle** : arabe
**Autres langues** : berbère, français
**Religions principales** : islam 99 %, christianisme 1 %
**Exportations** : produits alimentaires (fruits et légumes, poisson), boissons, biens de consommation, phosphates

## Algérie

**Superficie** : 2 378 907 km²
**Population** : 28 539 000
**Capitale** : Alger
**Monnaie** : 100 centimes = 1 dinar algérien (DZD)
**Langue officielle** : arabe
**Autres langues** : français, berbère
**Religions principales** : islam 99 %, christianisme et judaïsme 1 %
**Exportations** : pétrole, gaz naturel, vin, dattes, agrumes

## Tunisie

**Superficie** : 164 149 km²
**Population** : 8 880 000
**Capitale** : Tunis
**Monnaie** : 1 000 millimes = 1 dinar tunisien (TND)
**Langue officielle** : arabe
**Autres langues** : français, berbère
**Religions principales** : islam 98 %, christianisme 1 %, judaïsme 1 %
**Exportations** : produits agricoles, produits chimiques, phosphates, gaz naturel, produits pétroliers, vêtements

## Libye

**Superficie** : 1 759 540 km²
**Population** : 5 248 000
**Capitale** : Tripoli
**Monnaie** : 1 000 dirhams = 1 dinar libyen (LYD)
**Langue officielle** : arabe
**Autres langues** : italien, anglais
**Religion principale** : islam 97 %
**Exportations** : pétrole brut, produits pétroliers raffinés, gaz naturel

## Cap-Vert

**Superficie** : 4 033 km²
**Population** : 435 900
**Capitale** : Praia
**Monnaie** : 100 centavos = 1 escudo du Cap-Vert (CVE)
**Langue officielle** : portugais
**Autre langue** : créole
**Religion principale** : christianisme 97 %
**Exportations** : poisson et crustacés, bananes, peaux

## Égypte

**Superficie** : 1 002 071 km²
**Population** : 62 360 000
**Capitale** : Le Caire
**Monnaie** : 100 piastres = 1 livre égyptienne (EGP)
**Langue officielle** : arabe
**Autres langues** : anglais, français
**Religions principales** : islam 94 %, christianisme 6 %
**Exportations** : pétrole et produits pétroliers, coton, textiles, produits métallurgiques, produits chimiques

## Mauritanie

**Superficie** : 1 030 807 km²
**Population** : 2 263 000
**Capitale** : Nouakchott
**Monnaie** : 5 khoums = 1 ouguiya (MRO)
**Langue officielle** : arabe
**Autres langues** : français, soninké, wolof, peul
**Religion principale** : islam 100 %
**Exportations** : minerai de fer, poisson et conserves de poisson

## Mali

**Superficie** : 1 239 709 km²
**Population** : 9 375 000
**Capitale** : Bamako
**Monnaie** : 100 centimes = 1 franc CFA (XOF)
**Langue officielle** : français
**Autres langues** : mandingue (bambara, malinké, dioula), songhaï
**Religions principales** : islam 90 %, animisme 9 %, christianisme 1 %
**Exportations** : coton, bétail, uranium, poisson

## Burkina

**Superficie** : 274 201 km²
**Population** : 10 423 000
**Capitale** : Ouagadougou
**Monnaie** : 100 centimes = 1 franc CFA (XOF)
**Langue officielle** : français
**Autres langues** : malinké, dioula, mossi, peul
**Religions principales** : islam 50 %, animisme 40 %, christianisme 10 %
**Exportations** : coton, or, viande pour animaux, manganèse

## Niger

**Superficie** : 1 188 999 km²
**Population** : 9 280 000
**Capitale** : Niamey
**Monnaie** : 100 centimes = 1 franc CFA (XOF)
**Langue officielle** : français
**Autres langues** : haoussa, djerma, peul, songhaï et autres langues africaines
**Religions principales** : islam 80 %, animisme 14 %, christianisme 1 %
**Exportations** : minerai d'uranium, bétail, tissus de coton, légumes

## Tchad

**Superficie** : 1 283 998 km²
**Population** : 5 587 000
**Capitale** : N'Djamena
**Monnaie** : 100 centimes = 1 franc CFA (XOF)
**Langues officielles** : français, arabe
**Autres langues** : sara, sango (dialectes arabe et soudanais)
**Religions principales** : islam 50 %, christianisme 25 %, animisme 25 %
**Exportations** : coton, bétail, textiles, poisson

## Soudan

**Superficie** : 2 505 825 km²
**Population** : 30 120 000
**Capitale** : Khartoum
**Monnaie** : 1 000 millièmes = 100 piastres = 1 dinar soudanais (SDD)
**Langue officielle** : arabe
**Autres langues** : anglais, dinka, peul et plus de 200 dialectes
**Religions principales** : islam 70 %, religions indigènes 25 %, christianisme 5 %
**Exportations** : gomme arabique, bétail, coton, sésame

## Érythrée

**Superficie** : 117 599 km²
**Population** : 3 579 000
**Capitale** : Asmara
**Monnaie** : 100 cents = 1 birr éthiopien (ERB)
**Langues officielles** : arabe, tigrigna
**Autres langues** : langues africaines
**Religions principales** : islam 50 %, christianisme 50 %
**Exportations** : sel, peaux, oléagineux

### Éthiopie

**Superficie** : 1 221 897 km²
**Population** : 55 979 000
**Capitale** : Addis-Abeba
**Monnaie** : 100 cents = 1 birr éthiopien (ETB)
**Langue officielle** : amharique
**Autres langues** : langues africaines, arabe, anglais
**Religions principales** : islam 50 %, christianisme 40 %, animisme 10 %
**Exportations** : café, cuirs et peaux, or, coton, sucre

### Djibouti

**Superficie** : 22 999 km²
**Population** : 421 300
**Capitale** : Djibouti
**Monnaie** : 100 centimes = 1 franc de Djibouti (DJF)
**Langues officielles** : français, arabe
**Autres langues** : somali, afar
**Religions principales** : islam 94 %, christianisme 6 %
**Exportations** : peaux, sel, animaux vivants, produits alimentaires

### Somalie

**Superficie** : 637 539 km²
**Population** : 7 348 000
**Capitale** : Mogadiscio
**Monnaie** : 100 centesimi = 1 shilling somali (SOS)
**Langue officielle** : somali
**Autres langues** : arabe, italien, anglais
**Religion principale** : islam 99 %
**Exportations** : bananes, bétail, poisson, peaux, canne à sucre, gypse

### Sénégal

**Superficie** : 197 161 km²
**Population** : 9 007 000
**Capitale** : Dakar
**Monnaie** : 100 centimes = 1 franc CFA (XOF)
**Langue officielle** : français
**Autres langues** : wolof, peul, malinké...
**Religions principales** : islam 92 %, religions indigènes 6 %, christianisme 2 %
**Exportations** : poisson, arachides, produits pétroliers, phosphates, coton

### Gambie

**Superficie** : 10 368 km²
**Population** : 989 300
**Capitale** : Banjul
**Monnaie** : 100 bututs = 1 dalasi (GMD)
**Langue officielle** : anglais
**Autres langues** : langues africaines
**Religions principales** : islam 90 %, christianisme 9 %, animisme 1 %
**Exportations** : arachides et dérivés, poisson, huile de palme

### Guinée-Bissau

**Superficie** : 36 125 km²
**Population** : 1 125 000
**Capitale** : Bissau
**Monnaie** : 100 centimes = 1 franc CFA (XOF)
**Langue officielle** : portugais
**Autres langues** : créole, langues africaines
**Religions principales** : animisme 55 %, islam 30 %, christianisme 7 %
**Exportations** : bois (acajou), poisson et conserves de poisson, noix de cajou, huile de palme, arachides

### Guinée

**Superficie** : 245 856 km²
**Population** : 6 549 000
**Capitale** : Conakry
**Monnaie** : 100 centimes = 1 franc guinéen (GNF)
**Langue officielle** : français
**Autres langues** : peul, dioula, malinké...
**Religions principales** : islam 60 %, animisme 30 %, christianisme 5 %
**Exportations** : bauxite, alumine, diamants, or, café, ananas, bananes, huile de palme, huiles essentielles

### Sierra Leone

**Superficie** : 71 740 km²
**Population** : 4 753 000
**Capitale** : Freetown
**Monnaie** : 100 cents = 1 leone (SLL)
**Langue officielle** : anglais
**Autres langues** : mendé, temné, créole
**Religions principales** : islam 75 %, animisme 15 %, christianisme 10 %
**Exportations** : diamants, minerais (fer, bauxite, rutile), café, cacao, poisson

### Liberia

**Superficie** : 111 370 km²
**Population** : 3 073 000
**Capitale** : Monrovia
**Monnaie** : 100 cents = 1 dollar libérien (LRD)
**Langue officielle** : anglais
**Autres langues** : langues africaines
**Religions principales** : animisme 75 %, islam 15 %, christianisme 10 %
**Exportations** : minerai de fer, caoutchouc, bois exotique, café, cacao, diamants

### Côte d'Ivoire

**Superficie** : 322 463 km²
**Population** : 14 791 000
**Capitale** : Abidjan (jusqu'en 1983), Yamoussoukro (depuis 1983)
**Monnaie** : 100 centimes = 1 franc CFA (XOF)
**Langue officielle** : français
**Autres langues** : dioula, baoulé
**Religions principales** : animisme 65 %, islam 23 %, christianisme 12 %
**Exportations** : cacao et dérivés, café et extraits, bois exotique, pétrole, coton, bananes, ananas, huile de palme

### Ghana

**Superficie** : 238 539 km²
**Population** : 17 763 000
**Capitale** : Accra
**Monnaie** : 100 pesewas = 1 cedi (GHC)
**Langue officielle** : anglais
**Autres langues** : akan, éwé, haoussa, mossi...
**Religions principales** : christianisme 42 %, animisme 38 %, islam 20 %
**Exportations** : cacao, or, diamants, bois exotique, thon, bauxite, aluminium, manganèse, électricité

### Togo

**Superficie** : 56 599 km²
**Population** : 4 410 000
**Capitale** : Lomé
**Monnaie** : 100 centimes = 1 franc CFA (XOF)
**Langue officielle** : français
**Autres langues** : éwé, kabié, peul, haoussa...
**Religions principales** : animisme 50 %, christianisme 35 %, islam 15 %
**Exportations** : phosphates, coton, cacao, café

## BÉNIN

**SUPERFICIE** : 112 621 km²
**POPULATION** : 5 523 000
**CAPITALES** : Cotonou (de facto), Porto-Novo (officielle)
**MONNAIE** : 100 centimes = 1 franc CFA (XOF)
**LANGUE OFFICIELLE** : français
**AUTRES LANGUES** : fon, yorouba, haoussa, éwé...
**RELIGIONS PRINCIPALES** : animisme 65 %, christianisme 15 %, islam 10 %
**EXPORTATIONS** : coton, cacao, huile de palme

## NIGERIA

**SUPERFICIE** : 923 773 km²
**POPULATION** : 101 232 000
**CAPITALE** : Abuja
**MONNAIE** : 100 kobo = 1 naira (NGN)
**LANGUE OFFICIELLE** : anglais
**AUTRES LANGUES** : haoussa, ibo, yorouba, peul...
**RELIGIONS PRINCIPALES** : islam 50 %, christianisme 40 %, animisme 10 %
**EXPORTATIONS** : pétrole, caoutchouc, produits agricoles (cacao, cœurs de palmier, arachides...)

## CAMEROUN

**SUPERFICIE** : 475 501 km²
**POPULATION** : 13 521 000
**CAPITALE** : Yaoundé
**MONNAIE** : 100 centimes = 1 franc CFA (XOF)
**LANGUES OFFICIELLES** : anglais, français
**AUTRES LANGUES** : plus de 200 langues et dialectes africains
**RELIGIONS PRINCIPALES** : animisme 45 %, christianisme 35 %, islam 20 %
**EXPORTATIONS** : produits pétroliers, bois exotique, fèves de cacao, aluminium, café, coton, arachides, canne à sucre

## GUINÉE ÉQUATORIALE

**SUPERFICIE** : 28 037 km²
**POPULATION** : 420 300
**CAPITALE** : Malabo
**MONNAIE** : 100 centimes = 1 franc CFA (XOF)
**LANGUE OFFICIELLE** : espagnol
**AUTRES LANGUES** : français, fang, bubi, ndowé, annoboné...
**RELIGION PRINCIPALE** : christianisme 85%
**EXPORTATIONS** : café, bois exotique, cacao, pétrole

## RÉPUBLIQUE CENTRAFRICAINE

**SUPERFICIE** : 622 374 km²
**POPULATION** : 3 210 000
**CAPITALE** : Bangui
**MONNAIE** : 100 centimes = 1 franc CFA (XOF)
**LANGUE OFFICIELLE** : français
**AUTRES LANGUES** : arabe, sango, sara, peul, swahili
**RELIGIONS PRINCIPALES** : animisme 60 %, christianisme 35 %, islam 5 %
**EXPORTATIONS** : diamants, bois exotique, coton, café, tabac, or

## SÃO TOMÉ ET PRÍNCIPE

**SUPERFICIE** : 963 km²
**POPULATION** : 140 400
**CAPITALE** : São Tomé
**MONNAIE** : 100 centavos = 1 dobra (STD)
**LANGUE OFFICIELLE** : portugais
**RELIGION PRINCIPALE** : christianisme 100 %
**EXPORTATIONS** : noix de coco, cacao, coprah, café, huile de palme

## GABON

**SUPERFICIE** : 265 001 km²
**POPULATION** : 1 156 000
**CAPITALE** : Libreville
**MONNAIE** : 100 centimes = 1 franc CFA (XAF)
**LANGUE OFFICIELLE** : français
**AUTRES LANGUES** : sara, peul, sango...
**RELIGIONS PRINCIPALES** : christianisme 50 %, animisme 49,5 %, islam 0,5 %
**EXPORTATIONS** : pétrole, bois exotique, manganèse, uranium

## CONGO

**SUPERFICIE** : 342 002 km²
**POPULATION** : 2 505 000
**CAPITALE** : Brazzaville
**MONNAIE** : 100 centimes = 1 franc CFA (XAF)
**LANGUE OFFICIELLE** : français
**AUTRES LANGUES** : langues bantoues (lingala, kikongo...)
**RELIGIONS PRINCIPALES** : christianisme 50 %, animisme 48 %, islam 2 %
**EXPORTATIONS** : pétrole, bois exotique, sucre, cacao, café, diamants

## RÉPUBLIQUE DÉMOCRATIQUE DU CONGO (EX-ZAÏRE)

**SUPERFICIE** : 2 344 872 km²
**POPULATION** : 44 061 000
**CAPITALE** : Kinshasa
**MONNAIE** : 100 makuta = 1 zaïre (ZRN)
**LANGUE OFFICIELLE** : français
**AUTRES LANGUES** : lingala, swahili, tshiluba, kikongo et autres langues africaines
**RELIGIONS PRINCIPALES** : christianisme 70 %, kimbanguisme 10 %, islam 10 %
**EXPORTATIONS** : cuivre, or, café, diamants, pétrole brut

## OUGANDA

**SUPERFICIE** : 236 037 km²
**POPULATION** : 19 573 000
**CAPITALE** : Kampala
**MONNAIE** : 100 cents = 1 shilling ougandais (UGX)
**LANGUE OFFICIELLE** : anglais
**AUTRES LANGUES** : luganda, lusoga, bantou et autres langues africaines
**RELIGIONS PRINCIPALES** : christianisme 77 %, animisme 13 %, islam 10 %
**EXPORTATIONS** : café vert, coton brut, thé, cuivre

## KENYA

**SUPERFICIE** : 582 646 km²
**POPULATION** : 28 817 000
**CAPITALE** : Nairobi
**MONNAIE** : 100 cents = 1 shilling du Kenya (KES)
**LANGUES OFFICIELLES** : anglais, swahili
**AUTRES LANGUES** : langues bantoues
**RELIGIONS PRINCIPALES** : christianisme 50 %, animisme 25 %, islam 7 %
**EXPORTATIONS** : thé, café, sisal, noix de cajou, maïs, produits dérivés du pétrole

## RWANDA

**SUPERFICIE** : 26 338 km²
**POPULATION** : 8 605 000
**CAPITALE** : Kigali
**MONNAIE** : 100 centimes = 1 franc rwandais (RWF)
**LANGUES OFFICIELLES** : kinyarwanda (nationale), français (officielle)
**AUTRES LANGUES** : swahili, anglais
**RELIGIONS PRINCIPALES** : christianisme 60 %, animisme 30 %, islam 10 %
**EXPORTATIONS** : café, thé, minerai d'étain

## BURUNDI

**SUPERFICIE** : 27 866 km²
**POPULATION** : 6 262 000
**CAPITALE** : Bujumbura
**MONNAIE** : 100 centimes = 1 franc du Burundi (BIF)
**LANGUES OFFICIELLES** : rundi, français
**AUTRE LANGUE** : kiswahili
**RELIGIONS PRINCIPALES** : christianisme 67 %, animisme 32 %, islam 1 %
**EXPORTATIONS** : café, thé, coton, peaux

## TANZANIE

**SUPERFICIE** : 945 091 km²
**POPULATION** : 28 701 000
**CAPITALES** : Dar es-Saalam, Dodoma (capitale désignée depuis 1990)

**Monnaie** : 100 cents = 1 shilling tanzanien (TZS)
**Langues officielles** : swahili, anglais
**Religions principales** : christianisme 45 %, islam 30 %, animisme 25 %
**Exportations** : café, coton, tabac, thé, noix de cajou, agaves (fibres)

## Angola

**Superficie** : 1 246 699 km²
**Population** : 10 070 000
**Capitale** : Luanda
**Monnaie** : 100 iwei = 1 kwanza (AOK)
**Langue officielle** : portugais
**Autres langues** : bantou et autres langues africaines
**Religions principales** : christianisme 55 %, animisme 45 %
**Exportations** : pétrole, produits pétroliers raffinés, diamants, gaz naturel, manganèse, café, agaves (fibres), sisal, poisson et conserves de poisson, bois exotique, coton, manioc

## Zambie

**Superficie** : 752 615 km²
**Population** : 9 446 000
**Capitale** : Lusaka
**Monnaie** : 100 ngwee = 1 kwacha (ZMK)
**Langue officielle** : anglais
**Autres langues** : bemba, nyanja tonga, lozi, lunda
**Religions principales** : christianisme 75 %, animisme 23 %, islam et hindouisme 1 %
**Exportations** : cuivre, zinc, cobalt, plomb, tabac

## Zimbabwe

**Superficie** : 390 624 km²
**Population** : 11 140 000
**Capitale** : Harare
**Monnaie** : 100 cents = 1 dollar du Zimbabwe (ZWD)
**Langue officielle** : anglais
**Autres langues** : shona, ndébélé
**Religions principales** : christianisme 55 %, animisme 40 %
**Exportations** : tabac, produits manufacturés, textiles, chrome ferreux, cuivre, tungstène, amiante, produits alimentaires

## Malawi

**Superficie** : 118 485 km²
**Population** : 9 808 000
**Capitale** : Lilongwe
**Monnaie** : 100 tambalas = 1 kwacha de Malawi (MWK)
**Langues officielles** : anglais, chichewa
**Autres langues** : langues régionales
**Religions principales** : christianisme 60 %, animisme 20 %, islam 16 %
**Exportations** : tabac, thé, sucre, café, bois exotique

## Mozambique

**Superficie** : 771 421 km²
**Population** : 18 115 000
**Capitale** : Maputo
**Monnaie** : 100 centavos = 1 metical (MZM)
**Langue officielle** : portugais
**Autres langues** : langues bantoues
**Religions principales** : animisme 40 %, christianisme 30 %, islam 30 %
**Exportations** : crevettes, noix de cajou, coton, sucre, coprah, agrumes

## Namibie

**Superficie** : 824 451 km²
**Population** : 1 652 000
**Capitale** : Windhoek
**Monnaie** : 100 cents = 1 rand (ZAR) ou 1 dollar namibien (NAD)
**Langues officielles** : anglais, afrikaans
**Autres langues** : allemand, langues bantoues
**Religion principale** : christianisme 97 %
**Exportations** : diamants, cuivre, or, zinc, plomb, uranium, bétail, conserves de poisson, noix de cajou, peaux et laine

## Botswana

**Superficie** : 569 582 km²
**Population** : 1 392 000
**Capitale** : Gaborone
**Monnaie** : 100 thebe = 1 pula (BWP)
**Langue officielle** : anglais
**Autres langues** : tswana, langues bantoues et khoisan
**Religions principales** : christianisme 50 %, animisme 50 %
**Exportations** : diamants, cuivre et nickel, viande

## Afrique du Sud

**Superficie** : 1 221 043 km²
**Population** : 45 095 000
**Capitales** : Bloemfontein (judiciaire), Le Cap (législative), Pretoria (administrative)
**Monnaie** : 100 cents = 1 rand (ZAR)
**Langues officielles** : afrikaans, anglais
**Autres langues** : zoulou, bantou, xhosa...
**Religions principales** : christianisme 67 %, hindouisme, islam
**Exportations** : or, diamants et autres pierres précieuses, platine, minerais et métaux rares, produits alimentaires, produits chimiques

## Swaziland

**Superficie** : 17 366 km²
**Population** : 967 000
**Capitale** : Mbabane
**Monnaie** : 100 cents = 1 lilangeni (SZL)
**Langue officielle** : anglais
**Autres langues** : bantou, swazi
**Religions principales** : christianisme 77 %, animisme 23 %
**Exportations** : sucre, pâte de bois, coton, amiante

## Lesotho

**Superficie** : 30 344 km²
**Population** : 1 993 000
**Capitale** : Maseru
**Monnaie** : 100 lisente = 1 loti (LSL)
**Langues officielles** : anglais, sotho
**Autres langues** : zoulou, xhosa
**Religions principales** : christianisme 80 %, religions traditionnelles 20 %
**Exportations** : laine, mohair, blé, bétail, pois, haricots, maïs, peaux et cuirs

## Comores

**Superficie** : 1 862 km²
**Population** : 549 300
**Capitale** : Moroni
**Monnaie** : 100 centimes = 1 franc des Comores (KMF)
**Langues officielles** : arabe, français, comorien
**Religions principales** : islam 86 %, christianisme 14 %
**Exportations** : vanille, clous de girofle, coprah

## Madagascar

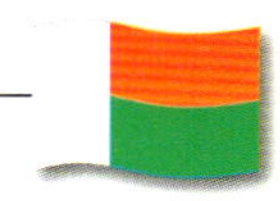

**Superficie** : 587 042 km²
**Population** : 13 862 000
**Capitale** : Antananarivo
**Monnaie** : 100 centimes = 1 franc malgache (MGF)
**Langues officielles** : français, malgache
**Religions principales** : animisme 52 %, christianisme 41 %, islam 7 %
**Exportations** : café, vanille, clous de girofle, coquillages, crevettes, sucre, produits pétroliers

## Seychelles

**Superficie** : 277 km²
**Population** : 72 700
**Capitale** : Victoria
**Monnaie** : 100 cents = 1 roupie des Seychelles (SCR)
**Langues officielles** : anglais, français
**Autre langue** : créole des Seychelles
**Religion principale** : christianisme 98 %
**Exportations** : poisson, cannelle, coprah, produits pétroliers

## Maurice

**Superficie** : 1 865 km²
**Population** : 1 127 000
**Capitale** : Port-Louis
**Monnaie** : 100 cents = 1 roupie de l'île Maurice (MUR)
**Langue officielle** : anglais
**Autres langues** : créole de l'île Maurice, français
**Religions principales** : hindouisme 52 %, christianisme 32 %, islam 16 %
**Exportations** : textiles, sucre, produits manufacturés, mélasse, thé, vêtements

# AUSTRALIE ET OCÉANIE

## AUSTRALIE

**SUPERFICIE :** 7 686 884 km²
**POPULATION :** 18 322 000
**CAPITALE :** Canberra
**MONNAIE :** 100 cents = 1 dollar australien (AUD)
**LANGUE OFFICIELLE :** anglais
**AUTRES LANGUES :** langues aborigènes
**RELIGION PRINCIPALE :** christianisme 76 %
**EXPORTATIONS :** charbon, or, viande, laine, blé, machines et équipements de transport, produits alimentaires

## PAPOUASIE-NOUVELLE-GUINÉE

**SUPERFICIE :** 461 693 km²
**POPULATION :** 4 295 000
**CAPITALE :** Port Moresby
**MONNAIE :** 100 tosa = 1 kina (PGK)
**LANGUES OFFICIELLES :** anglais, pidgin, motu
**AUTRES LANGUES :** langues indigènes (plus de 800)
**RELIGIONS PRINCIPALES :** christianisme 66 %, religions tribales (dont animisme) 34 %
**EXPORTATIONS :** or, minerai de cuivre, pétrole, bois de charpente, huile de palme, café, sucre, cacao, homards, crevettes, bananes, vêtements

## NOUVELLE-ZÉLANDE

**SUPERFICIE :** 268 676 km²
**POPULATION :** 3 407 000
**CAPITALE :** Wellington
**MONNAIE :** 100 cents = 1 dollar néozélandais (NZD)
**LANGUE OFFICIELLE :** anglais
**AUTRE LANGUE :** maori
**RELIGION PRINCIPALE :** christianisme 67 %
**EXPORTATIONS :** laine, viande (agneau, bœuf), poisson, fromages, produits chimiques, produits forestiers, fruits et légumes, produits manufacturés

## ÎLES SALOMON

**SUPERFICIE :** 29 785 km²
**POPULATION :** 399 200
**CAPITALE :** Honiara
**MONNAIE :** 100 cents = 1 dollar des îles Salomon (SBD)
**LANGUE OFFICIELLE :** anglais
**AUTRES LANGUES :** pidgin et langues indigènes
**RELIGIONS PRINCIPALES :** christianisme 96 %, religions tribales 4 %
**EXPORTATIONS :** poisson, bois de construction, huile de palme, cacao, coprah

## SAMOA OCCIDENTALES

**SUPERFICIE :** 2 850 km²
**POPULATION :** 209 400
**CAPITALE :** Apia
**MONNAIE :** 100 cents = 1 tala, ou dollar des Samoa (WST)
**LANGUES OFFICIELLES :** samoan (polynésien), anglais
**RELIGION PRINCIPALE :** christianisme 99 %
**EXPORTATIONS :** huile et crème de coco, bois, produits alimentaires (taro, coprah, cacao, bananes)

## VANUATU

**SUPERFICIE :** 14 763 km²
**POPULATION :** 173 600
**CAPITALE :** Port-Vila
**MONNAIE :** 100 centimes = 1 vatu (VUV)
**LANGUES OFFICIELLES :** anglais, français
**AUTRE LANGUE :** bichlamar
**RELIGIONS PRINCIPALES :** christianisme 80 %, animisme 15 %
**EXPORTATIONS :** coprah, viande bovine, cacao, bois de construction, café

## ÎLES FIDJI

**SUPERFICIE :** 18 272 km²
**POPULATION :** 772 900
**CAPITALE :** Suva
**MONNAIE :** 100 cents = 1 dollar fidjien (FJD)
**LANGUE OFFICIELLE :** anglais
**AUTRES LANGUES :** fidjien, hindoustani
**RELIGIONS PRINCIPALES :** christianisme 52 %, hindouisme 38 %, islam 8 %
**EXPORTATIONS :** sucre, vêtements, or, manganèse, cuivre, bois de construction

## TONGA

**SUPERFICIE :** 699 km²
**POPULATION :** 105 600
**CAPITALE :** Nuku'alofa
**MONNAIE :** 100 seniti = 1 pa'anga (TOP)
**LANGUES OFFICIELLES :** tongan, anglais
**RELIGION PRINCIPALE :** christianisme 70 %
**EXPORTATIONS :** courgettes, melons, vanille, poisson, racines alimentaires (ignames, manioc), huile de coco

## KIRIBATI (EX-ÎLES GILBERT)

**SUPERFICIE :** 717 km²
**POPULATION :** 79 400
**CAPITALE :** Tarawa
**MONNAIE :** 100 cents = 1 dollar australien (AUD)
**LANGUE OFFICIELLE :** anglais
**AUTRE LANGUE :** gilbertain
**RELIGION PRINCIPALE :** christianisme 94 %
**EXPORTATIONS :** coprah, goémon, poisson

## ÎLES MARSHALL

**SUPERFICIE :** 181 km²
**POPULATION :** 56 200
**CAPITALE :** Majuro
**MONNAIE :** 100 cents = 1 dollar des États-Unis (USD)
**LANGUE OFFICIELLE :** anglais
**AUTRES LANGUES :** marshallais, japonais
**RELIGION PRINCIPALE :** christianisme 98 %
**EXPORTATIONS :** huile de coco, poisson, bétail, café

## ÉTATS FÉDÉRÉS DE MICRONÉSIE

**SUPERFICIE :** 689 km²
**POPULATION :** 123 000
**CAPITALE :** Palikir
**MONNAIE :** 100 cents = 1 dollar des États-Unis (USD)
**LANGUE OFFICIELLE :** anglais
**AUTRES LANGUES :** langues indigènes
**RELIGION PRINCIPALE :** christianisme 97 %
**EXPORTATIONS :** poisson, coprah, bananes, poivre noir

## NAURU

**SUPERFICIE :** 22 km²
**POPULATION :** 10 150
**CAPITALE :** Yaren
**MONNAIE :** 100 cents = 1 dollar australien (AUD)
**LANGUE OFFICIELLE :** nauruan
**AUTRE LANGUE :** anglais
**RELIGION PRINCIPALE :** christianisme 100 %
**EXPORTATIONS :** phosphates

## BELAU

**SUPERFICIE :** 495 km²
**POPULATION :** 16 700
**CAPITALE :** Koror
**MONNAIE :** 100 cents = 1 dollar des États-Unis (USD)
**LANGUE OFFICIELLE :** anglais
**AUTRES LANGUES :** palauan et langues indigènes
**RELIGIONS PRINCIPALES :** christianisme 67 %
**EXPORTATIONS :** coquillages, thon, coprah, produits artisanaux

## TUVALU

**SUPERFICIE :** 23 km²
**POPULATION :** 10 000
**CAPITALE :** Funafuti
**MONNAIE :** 100 cents = 1 dollar de Tuvalu (TVD) ou 1 dollar australien (AUD)
**LANGUES OFFICIELLES :** tuvaluan, anglais
**RELIGION PRINCIPALE :** christianisme 97 %
**EXPORTATIONS :** coprah

# Territoires et dépendances

Les pays cités ci-dessous possèdent, en dehors de leurs frontières, des zones d'influence connues sous le nom de territoires ou de dépendances. Les territoires sont gouvernés directement par le pays dont ils dépendent. Les dépendances en reçoivent protection et assistance financière mais ont leur propre gouvernement et leurs propres lois.

## États-Unis

**Guam** : océan Pacifique Nord ; 541 km² ; population 153 400
**Îles Mariannes du Nord** : océan Pacifique Nord ; 477 km² ; population 51 000
**Îles Midway** : océan Pacifique central ; 5 km² ; pas de population permanente
**Porto Rico** : mer des Antilles ; 113 km² ; population 3 813 000
**Samoa orientales** : océan Pacifique Sud ; 197 km² ; population 57 400
**Îles Vierges américaines** : mer des Antilles ; 345 km² ; population 97 250
**Île de Wake** : océan Pacifique Nord ; 7,7 km² ; population 300

## Royaume-Uni

**Anguilla** : mer des Antilles ; 91 km² ; population 7 100
**Bermudes** : océan Atlantique Nord ; 52 km² ; population 61 700
**Îles Caïmans** : mer des Antilles ; 306 km² ; population 33 200
**Îles Falkland et leurs dépendances (Géorgie du Sud et Sandwich du Sud)** : océan Atlantique Sud ; 16 240 km² ; population 2 350
**Gibraltar** : sud de l'Espagne ; 6 km² ; population 31 900
**Guernesey** : Manche ; 78 km² ; population 64 400
**Jersey** : Manche ; 116 km²; population 86 700
**Île de Man** : mer d'Irlande ; 572 km² ; population 72 800
**Montserrat** : mer des Antilles ; 104 km²; population 12 700
**Îles Pitcairn** : océan Pacifique Sud ; 47 km² ; population 60
**Sainte-Hélène et ses dépendances (Ascension et Tristan da Cunha)** : océan Atlantique Sud ; 308 km² ; population 6 770
**Territoires britanniques de l'océan Indien** : océan Indien ; 60 km² ; pas de population permanente
**Îles Turks et Caïques** : mer des Antilles ; 430 km² ; population 13 900
**Îles Vierges britanniques** : mer des Antilles ; 153 km² ; population 13 000

## Portugal

**Macao** : côte sud de la Chine ; 16 km² ; population 490 900

## France

**Guadeloupe (DOM*)** : mer des Antilles ; 1 507 km² ; population 408 800
**Guyane française (DOM*)** : nord de l'Amérique du Sud ; 90 976 km² ; population 145 300
**Martinique (DOM*)** : mer des Antilles ; 1 101 km² ; population 394 800
**Mayotte (TOM*)** : océan Indien, Afrique ; 373 km² ; population 97 100
**Nouvelle-Calédonie (TOM*)** : océan Pacifique Sud ; 19 081 km² ; population 184 600
**Polynésie française (TOM*)** : océan Pacifique Sud ; 3 266 km² ; population 220 000
**Réunion (TOM*)** : océan Indien ; 2 510 km² ; population 666 000
**Saint-Pierre-et-Miquelon (TOM*)** : océan Atlantique Nord ; 241 km² ; population 6 760
**Wallis-et-Futuna (TOM*)** : océan Pacifique Sud ; 275 km² ; population 14 500

* **DOM** : département d'outre-mer
* **TOM** : territoire d'outre-mer

## Pays-Bas

**Antilles néerlandaises** : mer des Antilles ; 961 km²; population 203 500
**Aruba** : mer des Antilles ; 179 km² ; population 66 000

## Norvège

**Île Jan Mayen** : océan Atlantique Nord ; 373 km² ; pas de population permanente
**Svalbard** : océan Arctique ; 62 052 km² ; population 2 910

## Danemark

**Îles Féroé** : océan Atlantique Nord ; 1 399 km² ; population 48 500
**Groenland** : océan Atlantique Nord ; 2 175 000 km² ; population 57 700

## Australie

**Île Christmas** : océan Indien ; 135 km² ; population 890
**Îles Cocos** : océan Indien ; 23 km² ; population 600
**Îles Heard et MacDonald** : océan Indien ; 293 km² ; pas de population permanente
**Île Norfolk** : océan Pacifique Sud ; 34 km² ; population 2 760

## Nouvelle-Zélande

**Îles Cook** : océan Pacifique Sud ; 238 km² ; population 19 300
**Niue** : océan Pacifique Sud ; 259 km² ; population 1 840
**Tokelau** : océan Pacifique Sud ; 10 km² ; population 1 500

## Territoires revendiqués

**Bande de Gaza (Palestine)** : Moyen-Orient ; revendiquée par Israël et la Palestine, autonome depuis 1994 ; 378 km² ; population 813 300
**Cachemire** : Asie du Sud ; revendiqué par l'Inde et le Pakistan ; 138 992 km² ; population 7 718 700
**République turque de Chypre du Nord** : mer Méditerranée ; revendiquée par la Turquie et Chypre ; 3 424 km² ; population 135 400
**Cisjordanie (Palestine)** : Moyen-Orient ; revendiquée par Israël et la Palestine, sous autorité palestinienne ; 5 640 km² ; population 1 320 000
**Sahara occidental** : Afrique du Nord-Ouest ; revendiqué par le Maroc et les mouvements séparatistes sahraouis ; 266 001 km² ; population 217 250

# Glossaire

**affluent** Cours d'eau qui se jette dans un autre cours d'eau plus important que lui.
**agglomération** Ensemble urbain composé d'une ville et de ses banlieues.
**agriculture** Ensemble des activités visant à agir sur le milieu naturel pour qu'il devienne propice à la production des végétaux et à l'élevage des animaux dont l'homme se nourrit.
**alizés** Vents qui soufflent régulièrement des deux tropiques vers l'équateur.
**altitude** Hauteur d'un point au-dessus du niveau moyen des mers.
**Antarctique** Continent désertique et recouvert en permanence d'une épaisse couche de glace, situé dans la zone polaire sud.
**archipel** Groupe d'îles.
**Arctique** Mer gelée située à l'intérieur du cercle polaire, autour du pôle Nord.
**aride** S'oppose à humide. Un climat aride est un climat sec. La végétation qui se développe sous un tel climat est rare et limitée par l'insuffisance des pluies.
**atmosphère** Couche de gaz qui entoure la Terre.
**atoll** Île tropicale en forme d'anneau, entourant une lagune. Un atoll est formé par l'accumulation de coraux sur un relief volcanique sous-marin.
**axe des pôles** Ligne imaginaire inclinée passant au centre de la Terre et reliant les deux pôles, autour de laquelle s'effectue le mouvement de rotation de la planète.

**baie** Partie d'une côte où la mer s'avance dans la terre.
**barrage** Construction établie en travers d'un cours d'eau afin d'accumuler des réserves d'eau nécessaires à l'irrigation ou à la production d'électricité.
**bassin** 1) Vaste dépression en forme de cuvette. 2) Région drainée par une rivière et ses affluents.
**boussole** Instrument d'orientation renfermant une aiguille mobile aimantée dont la pointe indique le nord.

**calotte glaciaire** *Voir* inlandsis.
**canal** Cours d'eau artificiel creusé par l'homme et utilisé pour la navigation ou l'irrigation.
**canyon** Vallée profonde et étroite creusée par un cours d'eau dans une chaîne de montagnes.
**cap** Partie d'une côte en forme de pointe, qui s'avance dans la mer.
**capitale** Ville où est installé le gouvernement d'un État.
**cartographe** Personne qui réalise des cartes géographiques.
**cartographie** Technique de réalisation de cartes géographiques.
**cercle polaire** Ligne imaginaire parallèle à l'équateur, située à 66° 5′ nord (Arctique) et 66° 5′ sud (Antarctique).
**climat** Ensemble des types de temps qui se succèdent habituellement dans une région au cours de l'année.
**combustible fossile** Matière résultant de la décomposition d'organismes marins au fond d'anciennes mers (pétrole, gaz naturel) ou de végétaux enfouis dans les profondeurs de la Terre (charbon) et qui peut brûler.
**conifère** Arbre à feuilles persistantes ayant pour fruits des cônes (pin, sapin, épicéa). Synonyme : résineux.
**continent** Vaste étendue de terre limitée par un ou plusieurs océans. Il y a 6 continents : Afrique, Amérique, Antarctique, Asie, Europe et Océanie.
**corail** Petit organisme marin à squelette calcaire, vivant en colonies fixées au fond des mers chaudes.
**crique** Petite baie abritée dans une côte rocheuse.
**croûte terrestre** Partie superficielle du globe terrestre. La croûte terrestre est morcelée en une dizaine de plaques.

**déforestation** Destruction de la forêt pour en exploiter le sol et le bois.
**delta** Accumulation d'argiles et de sables déposés par un fleuve à son embouchure. Un delta comporte plusieurs bras ; il a souvent la forme d'un triangle.
**densité de population** Nombre moyen d'habitants vivant sur un kilomètre carré.
**dépression** Partie effondrée du terrain située au-dessous du niveau de la mer.
**dérive des continents** Théorie selon laquelle les continents se déplacent lentement à la surface du globe.
**désert** Région très sèche, sans végétation et inhabitée.
**détroit** Bras de mer compris entre deux terres.

**échelle** Rapport entre une longueur et sa représentation sur une carte ou un plan.
**écosystème** Ensemble des animaux et des végétaux qui vivent dans un milieu précis et forment un équilibre.
**équateur** Ligne imaginaire située à égale distance des deux pôles, séparant le globe en deux hémisphères égaux, Nord et Sud.
**érosion** Ensemble des forces, telles que l'eau et le vent, qui provoquent une usure du relief.
**espèce** Ensemble d'animaux ou de végétaux possédant des caractères communs qui les distinguent des autres.
**estuaire** Embouchure d'un cours d'eau en forme d'entonnoir.
**État** Territoire délimité sur lequel un pouvoir politique exerce son autorité.
**ethnie** Groupe humain dont les membres ont en commun un certain nombre de caractères de civilisation (langue, coutumes, croyances).
**étoile** Astre qui émet de la lumière.
**exploitation offshore** Forage pétrolier en mer.
**exportations** Vente de biens et de services à un pays étranger.

**fédération** Union de plusieurs États au sein d'un État fédéral dirigé par un gouvernement central.
**fertile** Se dit d'une terre dont le sol est capable de produire beaucoup de végétaux utiles à l'homme.
**feuillu** Arbre à larges feuilles, souvent caduques (qui tombent en hiver et repoussent au printemps), comme le chêne, le hêtre ou l'orme. Les arbres à feuilles persistantes (conifères) ne perdent jamais leurs feuilles, qui restent toujours vertes.
**fjord** Vallée d'origine glaciaire, profonde et étroite, envahie par la mer.
**forêt dense** Forêt épaisse, haute, sombre et toujours verte, qui pousse dans les régions équatoriales chaudes et humides. Synonyme : forêt vierge.
**fossile** Débris ou empreinte d'animaux ou de plantes préhistoriques conservés dans les couches sédimentaires de l'écorce terrestre.
**frontière** Limite séparant deux États ou deux territoires.
**fuseau horaire** Chacune des 24 zones égales établies à partir des méridiens divisant la surface de la Terre, à l'intérieur desquelles l'heure, par convention, est la même.

**geyser** Source d'eau chaude qui jaillit du sol à intervalles plus ou moins réguliers.
**glacier** Vaste masse de glace qui se forme en montagne ou dans les régions polaires par accumulation et tassement d'épaisses couches de neige.
**golfe** Partie d'une côte, plus ou moins largement ouverte, où la mer avance loin à l'intérieur des terres.
**gorge** Vallée étroite et encaissée.
**Greenwich** *Voir* méridien.

**hémisphère** Moitié du globe terrestre partagé en deux par l'équateur.
**hydroélectricité** Électricité produite en utilisant la force de l'eau fournie par une chute d'eau ou le courant d'une rivière.

**iceberg** Bloc de glace d'eau douce détaché d'un glacier littoral, qui flotte sur la mer et se déplace au gré des courants.

**île** Terre complètement entourée par l'eau.
**immigrant** Personne ayant quitté son pays d'origine pour s'installer dans un pays d'accueil.
**indépendant** Se dit d'un pays qui n'est sous la domination d'aucun autre.
**industrie** Ensemble des activités économiques qui transforment des produits naturels en produits fabriqués.
**industrie de base** Industrie qui assure la transformation des matières premières et fournit des produits bruts (fer, acier) aux autres industries.
**industrie de pointe** Industrie faisant appel à la recherche et aux techniques les plus récentes pour la fabrication de produits très élaborés (ordinateur, avion, satellite).
**inlandsis** Immense couche de glace épaisse recouvrant de vastes étendues, comme les régions polaires.
**irrigation** Technique permettant d'alimenter en eau des plantes cultivées là où les pluies sont insuffisantes.
**isthme** Étroite bande de terre comprise entre deux mers.

■

**lac de retenue** Lac artificiel formé par un barrage.
**lagon** Étendue d'eau salée et peu profonde, qui est séparée de la mer par une barrière de récifs coralliens.
**lagune** Étendue d'eau salée isolée de la mer par une étroite bande de sable appelée cordon littoral.
**latitude** Distance entre un point de la Terre et l'équateur, mesurée en degrés. On l'établit à partir des parallèles, vers le nord ou vers le sud.
**littoral** Zone de contact entre la mer ou l'océan et la terre ferme.
**longitude** Distance entre un point de la Terre et le méridien de Greenwich, mesurée en degrés. On l'établit à partir des méridiens, vers l'est ou vers l'ouest.

■

**marécage** Terrain, ou région, recouvert d'eau stagnante et peu profonde envahie par une végétation aquatique.
**matière première** Matière extraite du sous-sol ou du sol et utilisée par l'industrie pour fabriquer des produits (bois, laine, minerais, pétrole, etc.).
**méridien** Chacun des demi-cercles imaginaires allant du pôle Nord au pôle Sud, numérotés de 0° à 180°. L'un d'entre eux est appelé méridien origine, ou méridien de Greenwich (0°).
**migration** Déplacement de populations ou d'animaux d'une région (ou d'un pays) à l'autre, parfois sur de longues distances.
**minerai** Roche souterraine contenant un métal ou un autre élément minéral utilisable par l'industrie (fer, bauxite, craie, argile, cuivre, argent etc.).

■

**niveau de la mer** Niveau zéro à partir duquel on établit les altitudes.
**nomade** Personne qui n'a pas d'habitat fixe et se déplace sans cesse, ne restant jamais longtemps au même endroit.

■

**oasis** Endroit dans le désert où la végétation pousse grâce à la présence d'un point d'eau.
**océan** Très vaste étendue d'eau salée séparant les continents.
**Océanie** Le plus petit des continents, formé de trois grandes îles (Australie, Nouvelle-Guinée et Nouvelle-Zélande) et de milliers d'îles de tailles diverses.
**orbite** Trajectoire courbe décrite par un corps céleste autour d'un autre corps céleste.

■

**parallèle** Chacun des cercles imaginaires parallèles à l'équateur et numérotés de 0° à 90° vers le nord et de 0° à 90° vers le sud.
**pays en voie de développement (P.V.D.)** Pays dont l'industrie et l'agriculture ne suffisent pas à nourrir correctement leur population.
Synonyme : tiers-monde.
**péninsule** Étendue de terre entourée par la mer de tous les côtés, sauf un.
**plaine** Région plane, de faible altitude, aux vallées peu marquées.
**plaque** Fragment rigide de l'écorce terrestre comprenant généralement un continent et une portion d'océan.
**plateau** Région plate et élevée, aux vallées encaissées.
**pluies acides** Pluies chargées d'ions acides provenant de la pollution industrielle.
**pôles** Points du globe terrestre correspondant aux extrémités d'un axe imaginaire autour duquel tourne la Terre. Le pôle Nord, ou Arctique, est un océan glacé, le pôle Sud, ou Antarctique, un continent glacé entouré de mers froides.
**prairie** Vaste étendue d'herbe naturelle, sans labours ni semis.
**principauté** Petit État indépendant dirigé par un prince (ou une princesse).

■

**récif** Rocher (ou groupe de rochers) proche des côtes, dont le sommet se trouve juste à la surface de l'eau.
**relief** Ensemble des irrégularités, creux et bosses de la surface de la Terre.
**république** État dirigé par une assemblée et un président élus qui représentent l'ensemble du peuple.
**rose des vents** Sur une carte, schéma représentant les quatre points cardinaux et des points intermédiaires ; le nord y est indiqué par une flèche.
**rural** Qui se rapporte à la campagne et à ceux qui y habitent.

■

**savane** Vaste étendue de hautes herbes et d'arbres clairsemés, caractéristique des régions tropicales présentant une saison sèche et une saison humide.
**séisme** Secousses violentes qui ébranlent la surface de la Terre.
**steppe** Végétation composée de petites touffes d'herbes espacées et d'arbustes épineux, poussant dans les régions semi-arides de climat continental.
**sylviculture** Exploitation rationnelle des ressources forestières (déboisement, entretien).

■

**taïga** Forêt des milieux tempérés continentaux à hivers froids composée de résineux (pins, sapins) et de bouleaux.
**technologie** Ensemble des procédés techniques et des machines caractérisant une industrie ou l'ensemble des activités d'un pays.
**tempéré** Ni trop chaud, ni trop froid. Les régions tempérées se situent dans les deux hémisphères, entre la zone intertropicale et la zone polaire.
**territoire** Espace délimité sur lequel vit un groupe humain. Dans un pays, c'est l'État qui exerce son autorité et défend cet espace. Certains territoires sont administrés par des pays lointains.
**territoire dépendant** Région ou territoire administrés par un autre État.
**textiles** Tissu fabriqué à partir de matières naturelles (laine, coton, lin), artificielles (rayonne) ou synthétiques (Nylon).
**tropiques** Cercles imaginaires situés à 23° 27′ de part et d'autre de l'équateur (tropique du Cancer au Nord, du Capricorne au Sud) et qui lui sont parallèles. Ils délimitent la zone intertropicale, chaude et humide.
**toundra** Végétation pauvre et rase (mousses, lichens, bruyère) de la zone arctique, dont le sol est gelé en profondeur une partie de l'année.

■

**urbanisation** Concentration de plus en plus importante de la population d'un pays dans les villes.

■

**vallée** Espace allongé entre deux zones plus élevées. Le fond d'une vallée est souvent occupé par un cours d'eau.
**végétation** Ensemble des plantes et des végétaux poussant dans une région.
**versant** Pente d'une montagne ou d'une vallée.
**volcan** Montagne en forme de cône présentant à son sommet une ouverture percée par des éruptions de laves, de cendres et de pierres venues des profondeurs de la Terre et s'échappant par une fissure de l'écorce terrestre.

# Index

## *D*



## *E*



## *F*



## *G*

## *H*



## *I*



## *J*



## *K*

## L



## M



## N

# Remerciements

Weldon Owen tient à remercier les personnes suivantes pour l'aide apportée à la création de cet ouvrage : Helen Bateman, Anthony Burton, Alastair Campbell, Jo Collard, Melanie Corfield, Simon Corfield, Sharon Dalgleish, Libby Frederico, Kathy Gammon, Kathy Gerrard, Janine Googan, Greg Hassall, Lynn Humphries, Chris Jackson, Megan Johnston, Ralph Kelly, Jennifer Le Gras, Rosemary McDonald, Kylie Mulquin, Nicholas Rowland, Rachel Smith, Julie Stanton, Dawn Titmus, Greg Tobin, Wendy van Buuren, Michael Wyatt

**Sources cartographiques :** U.S. Central Intelligence Agency ; International Boundaries Research Unit, Durham University, United Kingdom ; U.S. Geographer General

**Crédits photographiques :** 14 en bas à gauche, **David Weintraub**/The Photo Library/Sydney ; 14 en bas au centre, **Stephen Wilkes**/The Image Bank ; 14 en bas à droite, **Mats Wibe Lund**/Icelandic Photo ; 15 au centre à droite, **David Hardy**/SPL/The Photo Library/Sydney ; 15 en bas à gauche, **Francois Gohier**/Ardea London ; 15 en bas au centre, **B. McDairmant**/Ardea London ; 15 en bas à droite, **International Photo Library** ; 16 en haut à droite, **Robert Harding** Picture Library ; 16 en bas, **David W. Hamilton**/The Image Bank ; 17 en haut à gauche, **Jeffrey C. Drewitz**/The Photo Library/Sydney ; 17 en haut au centre gauche, **Sobel/Klonsky**/The Image Bank ; 17 en haut au centre, **Horizon International** ; 17 en haut au centre droit, **Staffan Widstrand**/Bruce Coleman Limited ; 17 en haut à droite, **Christer Fredriksson**/Bruce Coleman Limited ; 19 en haut au centre, **Alain Compost**/Bruce Coleman Limited ; 27 en haut, **Horizon International** ; 27 au centre, **Shone/Gamma/Picturemedia** ; 27 en bas, **Witt/Sipa Press**/The Photo Library/Sydney

Régions polaires 102
Pays nordiques 72
Pays nordiques 72
Royaume-Uni et république d'Irlande 56
Benelux 62
Europe : le Centre-Ouest 64
France 60
Espagne et Portugal 58
Italie
Canada occidental et Alaska 34
Canada : l'Est 36
États-Unis : le Centre 42
États-Unis : l'Ouest 44
38 États-Unis : le Nord-Est
États-Unis : le Sud 40
Mexique, Amérique centrale et Antilles 46
Afrique : le Nord 92
Amérique du Sud : le Nord 50
Amérique du Sud : le Sud 52